하드볼 게임

HARDBALL POLITICS

하드볼 게임 선거는 어떻게 우리를 배신하는가

2015년 8월 21일 초판 1쇄 인쇄
2015년 8월 28일 초판 1쇄 펴냄

지은이 김장수

편집 최연순 오순아 박보람 안유정 노희선
디자인 가필드
마케팅 하석진

펴낸이 윤철호
펴낸곳 (주)사회평론

등록번호 10-876호(1993년 10 6일)
전화 02-326-1182(영업), 02-326-1185(편집)
팩스 02-326-1626
주소 서울시 마포구 성산동 114-10
이메일 editor@sapyoung.com

ISBN   978-89-6435-802-3 03340

하드볼 게임

선거는 어떻게 우리를 배신하는가

김장수 지음

사회평론

·

대한민국은 어떤 나라인가? 세계에서 가장 빠르게 산업화와 민주화를 성공적으로 이룬 나라. 그런데 그 기적의 나라에 사는 우리의 삶은 어떤 모습인가?

행복한 세대, 안정된 집단이 없다. 아이들에게는 공부지옥이고 '88만 원 세대' '삼포 세대'로 불리는 20대에게는 취업지옥의 연속이다. 30대에게는 부동산지옥이 기다리고 있다. 4050세대는 자녀 사교육비에 노후 준비는 꿈도 꾸지 못하고, 그렇게 중장년을 보내고 나서 노년층이 되면 빈곤과 고독 속에서 여생을 마친다. 길거리와 지하철에서 만나는 사람마다 남녀노소를 가리지 않고 모두 지친 얼굴로 무표정하게 핸드폰을 들여다보고 있을 뿐이다.

한강의 기적을 일으켰고, 거리로 뛰쳐나와 독재자를 몰아냈던 우리의 대한민국은 어쩌다 이렇게 되었을까?

지금 대한민국은 개미지옥이다. 대한민국이라는 세상이, '갑'과 '을'의 차이가 너무 크고 이들 간의 관계가 너무나 불공정하다고 사람들은 느끼고 있다. 갑이 되지 않고는 제대로 사람 구실하기 어렵다는 인식이 널리 퍼져 있다. 자식만은 을로 만들지 않기 위해 자식 교육에 모든 것을 쏟아붓는다. 그렇다고 개미지옥을 빠져나올 수 있을까?

확률적으로 보면 가능성이 높지 않다. 갑이 되기 위한 경쟁은 상대평가다. 20% 남짓의 미래 세대만이 그럭저럭 먹고살 만한, 남들 보기에 괜찮은 직업을 구할 수 있다. 나머지 80%는 을로 살아갈 수밖에 없다. 5분의 1에 불과한 가능성을 위해 오늘도 대한민국 국민은 서로를 끌어내리고 짓밟아야만 살 수 있는 극심한 경쟁 속에 있다.

대한민국이 비슷한 수준의 그 어떤 나라보다 살기 힘들다는 사실은 통계로 입증된다. OECD 국가 중 자살률 1위, 2013년 통계청 자료를 보면 매일 약 40명이 스스로 목숨을 끊는다. OECD 국가들 평균의 세 배가 넘는다. 특히 노년층의 자살률이 압도적인데, 최근 들어 40~50대 중장년층까지 확대되는 추세다. 그 증가율도 세계 2위다. 1위는 지중해 연안의 키프러스 공화국으로, 인구가 1백만 명 남짓의 작은 국가다. 이를 제외하면 명실상부한 세계1위다.

그런데 대한민국의 자살률이 원래 이토록 높았을까? 그렇지 않다. 1998년 외환위기 이후의 현상이다. 1995년 자살률은 인구 10만 명당 12.7명으로 15.5명인 OECD 평균보다 낮았다. 그러다 1998년 21.7명으로 급격하게 늘어나기 시작했다. 대한민국은 원래 자살률이 높은 나라가 아니었다.

· · ·

이러한 상황이 변화할 가능성은 없는 것일까? 1986년은 전두환 군부 정권이 마지막 발악을 하던 시기였다. 대학에 들어가 서울에서 지내다가 오랜만에 고향 집에 가면 촌로들이 와서 인생의 경험과 지혜를 전해주곤 했다.

일제 강점기에 태어나 한국전쟁과 박정희 시절을 겪어오는 동안 세상은 항상 가진 자들의 것이었고, 이를 바꾸지는 못한다는 것이 그분들의 생각이었다. 결론은 늘 똑같았다. 세상을 바꾸려는 것은 계란으로 바위 치기라는 것.

그러나 2년 후 군부독재가 물러나고 대통령 직선제 개헌이 이루어졌다. 세상은 바뀌는 것이고, 바꿀 수 있는 것이었다. 지금의 높은 자살률이 외환위기 이후 변화된 사회상의 반영이라면, 사회를 바꾸면 자살률을 떨어뜨릴 수 있다.

우리가 부러워하는 선진국들이 있다. 기업의 국제 경쟁력과 복지 수준이 높고 우리 국민들이 중요시하는 교육 경쟁력과 남을 배려하는 문화적 수준도 높다. 스웨덴·네덜란드·노르웨이·덴마크 등 북유럽 국가들이 대표적이다. 독일도 이에 속한다.

이들 국가에는 공통점이 있다. 모두 국민적 합의, 사회적 대타협에 성공했다는 점이다. 이들의 현대사는 사회적 대타협의 역사다. 개미지옥이냐 아니냐는 결국 사회적 대타협의 성공 여부에서 갈리는 것이다. 그리고 사회적 대타협을 주도하는 것은 정치권이다. 우리 정치가 그 역할을 제대로 못해 대한민국 국민이 개미지옥에 살고 있는 것이고, 이대로 두면 미래 세대 역시 개미지옥에서 벗어날 수 없다.

우리는 왜 우리가 부러워하는 북유럽 국가들과 같은 사회적 대타협에 성공하지 못한 것일까? 우리 정치는 무엇이 잘못되어 이 꿈을 달성하지 못하는 것일까? 어디에 문제가 있고 무엇을 고쳐야 하는 것일까? 이런 문제의식이 우리 정치가 어떻게 작동하는지를 다시 짚어봐야겠다는 생각으로 이어졌다.

대통령 중심제를 채택하고 있는 나라에서 정치의 중심은 대통령이다. 또 다른 중심축은 국회의원이다. 대통령과 국회의원 모두 선거를 통해 선출된다. 그렇다면 정치인을 뽑는 과정에 문제가 있거나 혹은 제대로 된 정치인을 뽑았으나 일을 잘할 수 없는 여건인 것인가?

박근혜 정부가 출범한 지도 2년이 지났다. 최근 여론조사를 보면, 여전히 기대와 희망을 버리지 않고 있는 국민도 있지만 더 많은 국민이 실망과 우려를 표시하고 있다. 노무현 정부와 이명박 정부의 실패를 반복하고 있는 것이 아닌가 하는 우려다. 두 정권은 각각 진보와 보수 진영을 대표하여 집권했지만, 독선적이고 일방적인 국정 운영으로 국민에게 실망을 안겨주었다는 점에서 실패한 정권이다.

이처럼 박근혜 정부도 앞선 두 정부의 전철을 밟고 있는 것이 아닌가 하는 우려가 이 책을 시작하게 된 또 다른 동기다. 노무현 정부와 이명박 정부의 실패로부터 얻은 교훈이 없는 것일까? 자신을 대통령에 당선시켜 준 국민의 뜻, 민의를 잘못 해석하고 있는 것은 아닌가? 박근혜 대통령의 당선은 노무현, 이명박 두 정부의 국정 운영에 대한 국민들의 종합적 평가의 결과물이다. 당시 지지율을 보면 노무현 정부에 대한 국민의 평가는 혹독했다. 이명박 정부에 대해서도 잘했다고 생각하는 국민은 많지 않았다.

사실 공약 자체만 놓고 보면 사회적 대타협, 그 결과물인 공정한 경제에 가장 근접한 것이 당선 전 박근혜 후보가 대표 공약으로 내세웠던 경제 민주화다. 경제 민주화란 공동체 전체를 위해 경제 주체 간의 불공정 문제를 해결하는 것, 경제적 약자도 살 만한 세상을 만드는 것이다. 국민들은 그렇게 믿고 박근혜를 선택했다.

특히 정치인 박근혜는 약속은 반드시 지킨다는 신뢰의 정치인으로 인식되어 있었기 때문에 그가 한 공약은 반드시 실천될 것이라는 믿음을 줄 수 있었다. 그러나 2년이 지난 지금, 경제 민주화는커녕 '경제 살리기' '경제 활성화'라는 이름으로 우파 본연의 성장 일변도 정책들이 득세하고 있다.

신뢰의 정치인이라던 박근혜 대통령은 왜 약속을 지키지 않는 것일까? 오히려 신자유주의적 정책을 다시 우려내고 있는 이유는 무엇일까? 경제 민주화를 대표 공약으로 내걸고 당선된 박근혜 정부는 왜 취임 이후 우파 진영의 논리로 회귀한 것일까?

국민 통합을 외치던 후보가 집권 이후에는 진영 논리에 빠져 독선적인 국정 운영으로 국민의 지지를 상실한 경우는 박근혜 정부만이 아니다. 경제 민주화만큼 직접적이지는 않지만 이명박 정부의 친서민 중도 실용 노선도 제대로 지켜졌더라면 지금보다 더 좋은 대한민국이 되었을 것이다. 경제 민주화와 맥이 닿아 있는 공약들이 많았던 노무현 정부도 이 기준에서는 실패한 정부다. 경제 민주화와 사회적 대타협을 위해 실제적으로 이룬 것이 없기 때문이다. 집권 5년간 노무현 정부의 평균 지지율은 27%에 머물렀다. 이명박 정부는 35%였다. 과반을 넘거나 이에 육박했던 대선 득표율을 보면, 이들을 선택했던 유권자조차 지지를 철회한 것이다.

선거 때는 국민 통합과 사회적 약자를 위하는 친서민 정부를 표방하다가, 집권 이후에는 진영 논리에 빠져 일방적인 국정 운영을 한 결과가 지지율 급락과 차기 대선에서의 심판으로 이어지고 있다. '하드볼 폴리틱스'라는 용어가 있다. 대립과 갈등만을 유발하며 양보와 타협이 없는 정치를 가리키는 말이다. 한국 정치는 이런 강 대 강의 정치가 일회적인 국면이나 현상에 그치지 않고 구조로 정착되었다는 면에서 심각성이 있다. 이 구조가 깨지지 않는 한 국민들이 열심히 투표해도 정치는 바뀌지 않는다. 그래서 한국 정치는 이 구조에서 이득을 보는 소수 기득권이 즐기는 무한히 지속되는 '하드볼 게임'이라고 할 수 있다. 왜 이런 악순환이 반복되는 것일까? 사회적 대타협이 성사되지 못하는 것과 이 악순환 사이에 어떤 관계가 있는 것은 아닐까? 그렇다면 해결책은 무엇일까?

• • •

이러한 질문들에 대한 답을 찾는 긴 여정을 감히 이 작은 책으로 시작하고자 한다. 그래서 이 책은 논의를 종결하는 완성본이라기보다는 하나의 출발점이며, 필자와 다른 각도에서의 현실 진단과 다양한 해법이 제시되는 논의로 이어졌으면 하는 바람이다.

1부에서는 16대부터 18대까지 세 차례의 대통령 선거에 대해 살펴본다. 특히 선거 결과에 영향을 미친 주요 요인들이 무엇인가를 검토한다. 2부에서는 다양한 선거 이론과 연구 결과를 바탕으로 세 차례의 한국 대선 결과를 해석하고 평가한다. 여기까지가 대선을 중심으로 한 한국의 정치 현실에 대한 진단이다.

3부에서는 1, 2부의 논의에 근거해 한국 정치의 해법, 즉 어떻게 해야 사회적 대타협을 성사시킬 수 있는가를 논의한다. 정치가 바뀌어야 한다는 점에는 대부분이 동의할 것이다. 문제는 무엇을 어떻게 바꿀 것인가이다.

차례

02
한국 대선에는 특별한 것이 있다

03
한국의 미래, 정치의 미래

대통령은 어떻게
만들어지는가

대통령 선거는 2막으로 구성된 대하 드라마다. 자신이 차기 대통령으로 최적임자라고 자처하는 후보들이 있고, 이들을 돕는 각 분야 전문가들이 캠프를 구성한다. 각 정당에서는 대통령 후보를 선출하는 경선이 진행된다. 여기까지가 1막이다.

주요 정당의 후보들이 선출되면 이들 간의 경쟁으로 2막이 시작된다. 정당 간 총력전은 물론 진보와 보수라는 이념 진영도 이 경쟁에 가세하면서 대통령 선거는 전면전으로 치러진다. 그리고 이 치열한 경쟁을 지켜보는 유권자들이 있다. 이 4천만 유권자 개개인이 던진 한 표 한 표가 모여 최종 승자가 결정된다. 대선이라는 대하 드라마가 막을 내리는 순간이다. 이 순간 이후 승자는 차기 5년 동안 국정 운영을 담당하는 집권 세력이 된다.

이 책에서 다루는 가장 중요한 질문은 누가 왜 이겼는가이다. 승자는 어떻게 국민의 선택을 받았고, 패자는 왜 그러지 못했는가?

2002년 16대 대선의 승자는 진보 진영을 대표해 나선 노무현이었다. 그러나 5년 후 정동영, 문국현, 권영길이 나선 진보 진영은 이명박과 이회창이 나선 보수 진영에 참패한다. 2007년 17대 대선의 승자는 이명박이었고, 이명박 정부에 대한 국민 여론이 그다지 우호적이지 못했음에도 불구하고 2012년 유권자의 최종 선택은 같은 보수 진영의 박근혜였다. 2002년 노무현을 선택한 민심이 이후에는 이명박, 박근혜에게로 돌아선 이유는 무엇일까? 10년 동안 치러진 세 차례의 대선은 모두 극적인 반전 드라마였다. 이 반전 드라마를 만든 주역들은 대체 누구였을까?

2002년,
새로운 변화를 선택하다

**민주-반민주에서
진보-보수로**

2002년 12월 19일에 치러진 16대 대통령 선거에서 새천년민주
당의 노무현 후보는 1,201만 표를 얻어 1,144만 표에 그친 한
나라당 이회창 후보를 57만 표차로 따돌리고 대통령에 당선된
다. 득표율로 보면 노무현 후보 48.9%, 이회창 후보 46.6%로
2.3% 차이였다. 민주노동당의 권영길 후보가 얻은 95만 표를
합치면, 진보 진영은 보수 진영에 약 150만 표를 앞서는 득표력
을 보였다.[1]

노무현의 당선 자체도 그러하지만, 16대 대선은 한국 정치사에

1   이 책에서 사용하는 총 유권자 수, 유효 득표 수, 후보별 득표율과 득표 수와 관련
된 모든 수치는 중앙선거관리위원회에 공개되어 있는 자료를 인용한 것이다. 진영별 득표
율과 득표 수는 이를 바탕으로 필자가 다시 산정한 결과물이다.

한 획을 그은 역사적 사건으로 평가될 수 있다. 보수 대 진보 간 첫 대결이었기 때문이다. 그동안 한국 정치의 기본적 대립 구도는 민주 대 반민주였고 영남 대 호남이었다. 그러나 16대 대선부터 민주 대 반민주 구도는 더 이상 한국 정치의 근본 지형이 아니었고, 영호남 지역 대결 구조도 여전히 유효하되 더 이상 대선의 승패를 가르는 핵심 변수는 아니었다(영호남 지역 대결 구도가 아닌 이념 진영 간 대결이 대선의 기본적 대립 구도인가에 대해 논쟁의 여지는 있다).

큰 틀에서 대통령 직선제 개헌이 이루어진 1987년부터 현재까지를 '1987체제'라 부른다. 그러나 같은 1987체제라 해도 2002년을 전후로 대통령 선거의 정치 지형은 근본적으로 변화한 것으로 평가된다. 직선제 이전 한국 정치는 전두환-노태우로 대변되는 반민주 세력이 한 축을 점하고 있었고, 그 반대쪽에는 김영삼-김대중의 제도권 내 야당 세력과 학생-시민 운동 중심의 재야 세력이 있었다. 전형적인 민주 대 반민주 전선이다. 그리고 1987년 13대 대선은 김영삼-김대중의 분열로 인해 군부독재-반민주 세력의 대표 주자로 나선 노태우의 승리로 귀결되었다.

이후 1992년 14대 대선과 1997년 15대 대선은 정치 지형의 변화라는 측면에서 과도기였다. 14대 대선에서 승리한 김영삼은 민주-반민주 지형에서는 민주 세력에 속하지만, 반민주-

산업화 세력과의 연합을 통해 대통령에 당선된다. 15대 대선에서 승리한 김대중은 김영삼보다는 진보 성향이 강했지만, 제도권 내 야당에서 성장한 인물이라는 점에서 학생-시민 운동 중심의 재야 세력과 차별성이 분명했고 산업화 세력과 충청 지역을 대표하던 김종필과의 연대를 통해 당선되었다는 점에서는 김영삼과 유사하다.

15대 대선까지는 민주-반민주 전선에 영호남 지역 대결이 중첩된 구도였다. 그러나 16대 대선 이후부터는 두 가지 점에서 그 이전과 질적으로 다른 대립 구도와 정치 지형이 형성된 것으로 평가할 수 있다. 첫째, 군부독재 집단이 더 이상 독자적인 정치 세력으로 의미 있는 역할을 하지 못했다. 둘째, 영남 출신인 노무현의 출마는 영호남 대결이 이전처럼 선명한 구도를 형성하지 못하도록 했다.

영호남 지역 대립 구도는 현저히 약화되었다. 영남에서 진보 진영의 득표율이 상승했기 때문이고, 수도권 등 중부권의 비중이 커지면서 영호남의 결정력이 약화되었기 때문이기도 하다.

후보들의 이합집산을 봐도 알 수 있다. 김영삼과 김대중의 당선에는 충청 지역을 대표하는 김종필과의 연대가 핵심적이었다. 특히 김대중과 김종필 연대의 경우, 호남-충청 연대론과 지역 등권론이 대선의 핵심 공약이자 전략이었다. 김종필의 역할은 충청 지역의 득표를 높이는 것이었다.

그러나 이후의 이합집산은 지역이 아니라 이념 성향을 중심으로 이루어진다. 문재인과 안철수의 후보 단일화 시도가 대표적인데, 문재인의 입장에서 안철수가 필요했던 것은 그가 (같은) 영남 출신이어서가 아니다. 이념 지형상 중도 유권자의 지지를 받고 있던 안철수가 필요했던 것이다. 박근혜의 경우도 경제 민주화로 상징되던 김종인의 중도 성향이 필요했던 것이지 그의 호남 득표력을 원했던 것은 아니다.

민주–반민주에서 진보–보수로 대립 구도가 바뀌면서 나타난 두드러진 특징 가운데 하나가 세대 갈등의 본격화다. 세대 갈등은 이전에도 존재했지만 지역 대립의 하위 변수로 다루어져왔다. 영호남의 대립 구도가 주축이고, 세대 갈등은 각 지역 내 투표 성향의 작은 차이를 설명하는 변수 가운데 하나에 불과했다면, 이제는 세대 간 투표 성향의 차이가 대선 결과를 좌우하는 변수로 부상했다. 또한 세대 갈등은 이념 대립과 중첩되어 나타나게 된다.

이처럼 16대 대선 이후 기존의 영호남 지역 구도는 약화되었고, 이와 중첩되었던 민주–반민주 구도는 이념 진영 간 대결로 전환되었다. 이는 양 진영 내 주류 세력의 변화에서도 찾아볼 수 있다. 먼저 보수 진영에 속하는 새누리당의 경우, 과거 군부 집단으로 대표되던 반민주 세력이 더 이상 의미 있는 정치 집단으로 존재하지 않는다. 새정치민주연합 역시 호남 출신 정치인들이 당의 주류 역할을 하지 못한다. 새정치민주연합의 주류인 친노-386 세대는 출신 지역이 아니라 세계관, 즉 진보 이념을 공유하고 있다.

진보 진영의 새로운 주류는 1970~80년대 학생 운동과 시민 운동을 주도하던 재야 세력 출신이다. 새정치민주연합에 국한하면 기존 호남 정치인들의 영향력은 일정 정도 남아 있지만, 재야 시민단체까지 그 영역을 확대하면 진보 진영 내 호남 세력의 영향력은 더 급속하게 줄어들었다.

보수 진영도 과거 민주-반민주 전선의 주류 세력이었던 군 출신-공안파들은 더 이상 독자적인 세력으로 존재하지 않는다. 진보 진영과 대별되는 우파 진영의 공통점을 굳이 찾자면 시장 경제에 대한 중시, 1970~80년대의 성장 신화 등 우파적 세계관, 특히 우파적 경제관이다.

핵심 쟁점이 바뀌었다는 점에서도 대립 구도가 전환되었음을 알 수 있다. 김영삼의 문민정부와 역사 바로 세우기, 김대중의 지역등권론 등 과거에는 군부독재 또는 지역 갈등과 관련된 쟁점들이 선거의 핵심이었다. 반면 노무현 정부가 출범한 이후에는 국가보안법, 사학법 등 4대 개혁 입법, 서울시장 선거에서의 무상급식 등 복지와 관련된 논쟁, 경제 민주화 공약 등이 선거의 핵심 쟁점이 되었다.

**기약 없는
보수**

16대 대선은 한국 정치 지형 전환의 분수령이자 각 진영의 판세를 가늠할 수 있는 첫 번째 시험대였다. 노무현과 이회창의 득표율만 보면 보수와 진보는 박빙 판세였다. 그러나 그 안을 보면 진보 진영의 미래는 장밋빛일 수밖에 없었다. 보수 진영 입장에서는 당장의 패배도 문제였지만, 앞으로가 더 문제였다. 16대 대선에서 나타난 유권자의 정치 성향이 지속된다면 보수 우파의 재집권은 불가능해 보였다.

박빙의 승부였지만 진보 진영에는 장밋빛 미래로, 보수 진영에는 궤멸 수준의 참패로 보였다. 바로 연령대별 득표율 차이 때문이었다. 노무현만 놓고 볼 때는 2.3% 차이일 뿐이었지만, 당시 진보 진영에는 권영길이라는 또 다른 후보가 있었다. 권영길의 득표율은 3.9%였다. 노무현과 권영길의 표를 합산하면 약 53%의 득표율이었다. 53%와 47%. 그래도 극복하기 힘들 만큼 큰 차이는 아니었다. 문제는 연령대별 득표율이었다. 이회창은 노무현과의 대결에서 20대에서는 32 대 62, 30대에서는 34 대 59로 거의 더블 스코어로 밀렸다. 50대와 60대에서의 선전으로 그나마 박빙 승부로 끌고 갈 수 있었다. 보수와 진보 양 진영 모두 후보 단일화가 되어 양자 대결로 펼쳐지는 진검 승부였다면 그 차이는 훨씬 커졌을 것이다. 40대에서는 48.7 대 47.4로 이회창

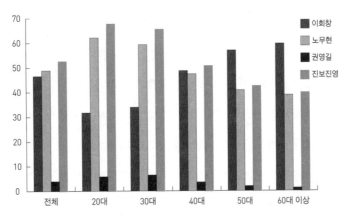

	이회창	노무현	권영길	진보진영
전체	46.6	48.9	3.9	52.8
20대	31.7	62.1	5.8	67.9
30대	33.9	59.3	6.4	65.7
40대	48.7	47.4	3.5	50.9
50대	56.9	40.8	1.9	42.7
60대 이상	59.6	38.8	1.2	40

2   이 책에서 사용되는 모든 연령대별 득표율 자료는 해당 대선에 대한 방송사의 출구조사를 그 출처로 한다. 16대대선은 KBS가 주관방송사였고, 미디어리서치에서 조사를 담당하였다. 전국 199개 투표소에서 45,477명의 투표자를 대상으로 조사한 결과다. 17대는 KBS와 MBC가 공동주관하였고, 미디어리서치와 코리아리서치가 254개 투표소에서 76,239명을 대상으로 조사하였다. 18대는 KBS, MBC, SBS 방송3사가 공동주관하였고, 미디어리서치, 코리아리서치, TNS가 360개 투표소, 110,726 투표자를 대상으로 한 조사결과다. 오차범위는 16대 1.4%, 17대 1.0%, 18대 0.8%다.

이 근소하게 앞섰지만 진영 간 양자 대결이라면 48.7 대 50.9로 열세였다.

이러한 연령대별 지지율이 그대로 지속된다면 어떻게 될까? 10년 후, 20대는 30대가 되고 30대는 40대가, 40대는 50대가 된다. 60대 이상에서는 사망 등의 사유로 선거인 명부에서 사라지는 유권자가 발생한다. 젊은 세대에서 강세인 진영이 이후 선거에서 유리해지는 것이다.

보수 진영의 미래를 더욱 암담하게 했던 것은 전체 유권자에서 젊은층이 차지하는 비중이 압도적이라는 사실이었다. 당시 20대는 23.2%, 30대는 25.1%로, 20~30대가 전체 유권자의 48.3%에 달했다. 과반에 육박하는 젊은 유권자층에서 보수 진영은 더블 스코어로 밀렸다. 유권자의 거의 절반을 차지하는 젊은층에서 세 명 가운데 한 명만 자신들을 지지한 것이다.

40대에서는 박빙이었고 50~60대에서는 보수 진영이 60 대 40정도로 우세했다. 그러나 장기적인 관점에서 보면 고연령대에서의 우세는 기쁜 소식이 아니라 패배의 전주곡일 뿐이다. 통계청 자료를 보면 2003년부터 2012년까지 10년 동안 사망자는 300만 명 이상, 이 가운데 90%가 50대 이상이다.

보수 진영의 입장에서 보면 1 대 2의 비율로 절대적인 열세를 보이는 20~30대 유권자층은 이후 40~50년 동안 선거인명부에 남아 있을 텐데, 엎친 데 덮친 격으로 이들이 전체 유권자

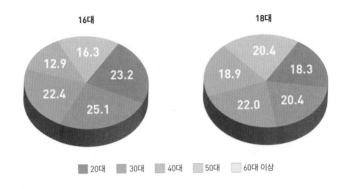

역대 대선 연령대별 구성

16대

16.3
12.9
23.2
22.4
25.1

18대

20.4
18.9
18.3
22.0
20.4

■ 20대　■ 30대　■ 40대　■ 50대　■ 60대 이상

에서 차지하는 비중은 압도적이다. 단순히 계산해도 이를 상쇄하기 위해서는 나머지 과반의 유권자에서 2 대 1의 비율로 절대 우위여야 한다. 그러나 그 과반의 절반을 점하는 40대는 잘해야 경합이다.

따라서 보수 진영에서는 내일을 기약할 수 없었고, 그만큼 진보 진영은 장밋빛 미래에 대한 환상으로 들떠 있었다. 진보 진영이 향후 최소한 30년은 집권할 것이라는 당시 주장들은 매우 확실하고 구체적인 근거를 가지고 있었던 것이다.

진보의
장미빛 미래

이 지점에서 혹자는 2002년의 연령대별 지지율이 그대로 지속되지는 않는다는 의견을 제시할지 모른다. 사람은 나이가 들면서 보수화되기 때문에 정치적 성향도 변한다고 주장할 것이다. 그러나 이 점에 대해서는 여전히 논쟁 중이다. 즉 나이가 들수록 전반적으로 보수화되는 경향은 있지만, 진보 정당을 지지하던 사람이 보수 정당을 지지하게 될지는 미지수다. 미국 등 선진국의 연구 결과를 보면, 인생의 한 시기, 특히 사회화 과정에서 형성된 특정 정당에 대한 지지가 평생 지속되는 경우가 일반적이다.

예를 들어 미국에서 1930년대 대공황기를 경험한 청년 세대들은 50, 60대가 되어서도 여전히 민주당을 지지하는 것으로 나타났다. 유럽도 마찬가지다. 또한 나이가 들면 보수 정당 지지로 선회하게 된다는 가설이 맞다면, 시대를 불문하고 모든 고령층에서는 보수 정당 지지가, 젊은층에서는 진보 정당 지지가 나타나야 한다. 그러나 그런 사례는 오히려 예외적이다. 한국의 경우 현재 진보 진영의 강력한 지지 기반인 30대가 50~60대가 되면 그 시점의 20~30대보다 더 강력한 진보 진영 지지자로 나타날 가능성이 매우 높다.

따라서 나이가 들면 보수 진영 지지로 선회한다는 주장은 일반화할 수 있는 것은 아니다. 이 문제는 국가별로도 다르고 같은 국가 내에서도 시기별로 다른, 즉 실증의 문제다. 앞에서 언급했듯이 미국 선거 연구의 주류 학계에 따르면 청소년기나 정치적 사회화 시기에 형성된 정치 성향이 평생 동안 지속된다. 이 입장에 따르면 현재 한국의 고연령층은 나이가 들어가면서 보수화된 것이 아니라 한국전쟁이나 산업화, 군부독재 등 그들이 정치 사회화 시기에 겪었던 경험이 보수적 성향을 형성하는 데 영향을 미쳤고 그것이 현재까지 지속되고 있다고 할 수 있다.

그렇다면, 현재의 30대가 노인이 되는 30~40년 후에는 고연령층에서 진보 진영 지지가 가장 높게 나타나는 현상이 일어날 것이다. 나이가 들어가면서 보수 진영 지지로 선회하는 것이 아니라, 특정한 정치적 사건들의 강력한 영향력이 정치 성향을 바꾸는 것이 아니냐는 주류 학계의 주장이 한국에서도 맞을 수 있다는 근거가 2002년 60대 진보진영 지지율에서도 나타난다. 한국전쟁과 냉전 시대를 거친 당시 60대는 확고한 반공의식과 반反진보 성향을 지닌 세대로 분류된다. 그럼에도 불구하고 보수와 진보 진영 지지율은 60 대 40 정도였다. 물론 보수 진영에 더 기울었지만, 2012년 대선에서 60대 이상 고연령층이 72 대 28로 보수 진영을 훨씬 많이 차지한 것에 비하면 훨씬 균형 잡힌 상태였다. 따라서 2012년 대선의 결과는 나이가 들면서 보수화되는 현상의 부산물이라기보다는 2002년 이후 본격화된 보수와 진보 간의 대립과 노무현 정부에 대한 반동이 원인이라고 보는 것이 더 합리적이다.

60대 이상 고연령층의 진영 지지율이 시기에 따라 다르다는 점은 나이가 들면 정치 성향도 보수화되는가가 실증의 문제임을 보여준다. 예를 들어 호남의 고연령층은 호남의 젊은 세대보다는 보수 진영 후보에 대한 지지가 높지만, 영남의 고연령층에 비해서나 절대적인 수치에서는 진보 진영 후보에 대한 지지가 압도적이다. 따라서 고연령층의 보수 지지 현상은 나이가 아니라 다양한 요인이 작용한 결과라고 봐야 한다.

나이가 들면서 보수 진영을 지지하게 된다는 점은 여전히 논쟁적인 이슈이긴 하지만 일단 그 가능성을 열어두자(8장에서 더 자세한 논의를 할 것이다). 그렇다 해도 2002년 대선 당시 연령대별 지지율을 보면 진보 진영 30년 집권론은 타당하고 근거 있는 주장이었다는 점은 분명하다. 이러한 배경하에, 노무현 대통령 자신은 물론 그를 당선시킨 주역들은 자신들의 집권이 적어도 30년은 갈 것이라고 주장했고, 그렇게 믿었다.

2007년,
보수의 역습

사라진
471만 표를 찾아라

2002년 대선이 펼쳐 보인 진보 진영의 장밋빛 미래는 여기까지였다. 노무현 정부는 집권 5년 동안 초기의 탄핵 국면을 제외하면 지리멸렬함을 면치 못했다. 40여 차례 치러진 재·보궐 선거에서 참패했으며, 그 완결판은 17대 대선이었다. 30년 집권은커녕 집권 5년 만에 치러진 대선에서 궤멸 수준의 참패를 당한다. 30년 진보 진영 집권론을 외쳤던 정동영이 대통합민주신당 후보로 나서서 한나라당의 이명박 후보에게 49 대 26으로 참패한다.

이념 대결의 관점에서 보면 진보 진영의 참패는 더욱 분명해진다. 투표율 70.8%였던 16대 대선에서 노무현과 권영길 후보가 나선 진보 진영은 약 53%를 득표한 반면 17대 대선에

16-17대 대선 비교

16대
● 총 유권자수: 3,499만

1,144만
46.6%

1,297만
53%

17대
● 총 유권자수: 3,765만

1,505만
63.7%

826만
35%

■ 보수진영　■ 진보진영

서는 35%에 그쳤다. 대통합민주신당 정동영, 창조한국당 문국현, 민주노동당 권영길 세 명의 후보가 각각 26.1%, 5.8%, 3%를 얻었다. 한나라당의 이명박은 48.7%, 무소속 이회창 후보는 15.1%로 보수 진영의 득표율은 63.8%였다. 16대 대선의 연령대별 득표율로 보면 질 수 없는, 져서는 안 되는 선거에서 참패한 것이다.

세 명의 진보 진영 모두 합쳐서 826만 표를 얻어, 5년 전의 1,297만 표에 비해 471만 표를 잃었다. 진보 진영이 잃은 표 471만에 보수 진영이 얻은 표 361만을 더하면, 진보 진영은 832만 표를 잃었다. 5년 전 노무현 또는 권영길 후보를 선택한 유권자 1,297만 명의 36%. 즉 세 명 가운데 한 명 이상이 이탈한 것이다. 이들은 아예 참여하지 않았거나 이명박이나 이회창 후보에게 표를 던졌다.

　이것이 장밋빛 미래가 펼쳐진 것처럼 보였던 노무현 정부 5년 동안 벌어진 일이다. 반면 보수 진영은 낮아진 투표율로 인해 유효 투표 수가 94만 표가량 줄어든 상황에서도 5년 전의 1,144만 표에서 361만 표를 더 득표해 1,505만 표를 기록하게 된다.

　30년 집권을 외치던 진보 진영의 몰락은 여러 가지 다양한 원인과 과정에 기인할 것이다. 어찌되었든 진보 진영은 5년 동안 세를 불리는 것은 고사하고 지지자의 3분의 1 이상을 잃었다.

선거의
x값을 찾아서

만약 진보 진영에서 이탈한 471만 유권자가 모두 기권하여 단 한 명도 보수 후보에게 투표하지 않았다고 가정한다면, 보수 진영 증가분 361만 명은 2002년에는 투표에 참여하지 않았다가 2007년에만 보수 후보에게 한 표를 보태주기 위해 참여한 유권자여야만 한다. 이 경우 진보 진영의 마이너스 471만 표를 포함하여 832만 명의 유권자가 5년 사이 선택을 달리한 것이다. 극단적인 가정이다.

　이와 정반대의 극단적 가정은 보수 진영이 늘린 표 361만이 모두 2002년에는 진보 후보를 선택했으나 2007년에 보수 후보 지지로 돌아선 이들의 표라고 보는 것이다. 그러면 진보 이탈자 471만 가운데 보수 지지로 돌아선 유권자는 361만 명이고, 나머지 110만 명은 2007년에는 투표에 참여하지 않은 것이 된다. 이럴 경우 표 수로는 마이너스 832만 표이지만, 이 변화는 진보 이탈자 471만 명에 의해서만 발생한 것이다.

이 논의를 길게 하는 이유는 마음이 바뀐 유권자 수와 표수의 변화 간에 생기는 불일치로 인한 혼란을 막기 위해서다. 유권자 한 명의 선택이 바뀌어도 최종적인 표의 변화는 1표일 수도 있고 2표일 수도 있다. 만약 2002년 진보 후보에게 투표한 유권자가 2007년에는 기권한다면 최종 결과는 진보 진영 마이너스 1표로 끝난다. 그런데 이 유권자가 투표에 참여하여 보수 후보에게 투표한다면, 진보 진영 마이너스 표에 보수 진영 플러스 표가 더해져, 최종 표심 변화는 2표가 된다. 지난 선거에서는 우리를 지지한 유권자가 이번에는 기권하면 마이너스 1표, 상대 후보에게 투표하면 마이너스 2표인 것이다. 마음이 바뀐 유권자는 한 명임에도 불구하고 영향력은 두 배의 차이가 나게 된다.

이와 관련된 논의는 일견 단순해 보이지만 조금만 더 들어가면 매우 복잡해진다. 내친 김에 이에 대한 논의를 조금 더 해보자. 진보 지지에서 이탈한 사람이 471만 명인데, 이들 가운데 몇 명이 기권하고 나머지 몇 명이 보수 후보에게 투표한 것일까? 일단 가장 단순한 산수를 해보자. 471만 명 가운데 기권한 사람을 x, 보수 후보에게 투표한 사람을 y라 하자.

$$x + y = 471 \text{(방정식 1)}$$

전체 표 수 변화는 832만이었다. 기권은 1표의 변화, 보수 후보에게의 투표는 2표의 변화 효과다. 이를 도식화하면 또 다른 방정식이 나온다.

$$x + 2y = 832 \text{(방정식 2)}$$

위 두 방정식을 합쳐 계산하면, $y = 361$, $x = 110$이 된다.

즉 진보에서 이탈한 471만 명 가운데 361만 명은 보수 후보에게 투표했다. 나머지 110만 명은 기권한 것이다. 이 답을 검산해보자. 진보에서 보수 지지로 선회한 361만 명은 2표의 영향력이 있으니(361×2)에 기권한 사람 110만 명을 더하면 전체 표 수의 변화 832만이 나온다. 딱 맞아 떨어진다. 정답이다. 진보 이탈자 471만 명 가운데 110만 명이 기권, 361만 명이 보수 후보를 선택해 마이너스 832만 표의 효과가 나타났지만 실제로 선택을 바꾼 유권자는 진보 이탈자 471만 명이라는 결과가 나온 것이다. 그런데 두 대선 사이의 표심 변화를 실제로 이렇게 설명할수 있으면 얼마나 좋을까? 선거 이론을 처음 배울 때는 이런 상상을 하루에도 열두 번씩 하게 된다.

공부를 마치고 하산할 즈음에 남는 깨달음은 하나다. "세상은 그렇게 단순하게 돌아가지 않는다." 위의 명쾌한 결론은 5년 사이에 '표심이 바뀐 사람은 진보 지지에서 이탈한 사람들뿐'이라고 단순하게 가정했기 때문에 가능했다. 앞서 언급했듯이, 진보 이탈자 471만 명은 2007년에는 모두 기권했고, 보수 증가분 361만 명은 2002년에는 기권했다가 2007년에만 투표하러 나와 보수 후보를 찍은 사람들이라고 해도 방정식은 명쾌하게 풀린다.

그런데 이게 끝이 아니다. 위 두 가지는 모두 2002년과 2007년의 선거인명부 동일하다고 가정한 것이다. 그러나 실상은 선거인 명부 자체가 바뀐다. 2002년도 선거인명부에 있던 사람들 가운데 일부는 사망 등의 이유로 2007년에는 사라지고, 역으로 만 19세가 되어 2007년 선거인명부에 새로 등재되기도 한다.

우리가 아는 것은 진보, 보수 양 진영의 득표 수가 얼마나 바뀌었는가와 투표에 참여한 유권자 수가 어떻게 바뀌었는가 정도다. 이를 이용해 방정식을 풀기에는 미지수가 너무 많다.

방정식을 풀 수 없는 상황, 즉 누구도 답을 알지 못하는 상황에서는 어떤 주장이 참인지 거짓인지 알 길이 없다. 이것이 선거 연구의 핵심 쟁점 가운데 하나다. 어느 입장을 택하느냐에 따라 유권자들이 진보에서 보수 지지로 전향했는지, 아니면 단지 기권했는지에 대한 수치가 달라진다.

2002년 진보 후보를 찍었던 사람들 가운데 471만 명이 2007년에는 진보 후보에게 투표하지 않았다는 점에서 '진보 이탈자 471만'이라고 했다. 그러나 이 수치도 정확한 것은 아니다. 진보 진영 득표 수가 471만 표 줄었다 해도 전에는 보수 후보를 찍었다가 이번에는 진보 후보를 찍은 사람이 있다면, 그 수만큼 진보 이탈자가 늘어나기 때문이다. 만약 100만 명이 보수에서 진보로 돌아섰다면, 진보 감소분 471만을 설명하기 위해서는 진보 이탈자가 571만 명으로 늘어나야 앞뒤가 맞는다.

보수,
이보다 더 좋을 수는 없다

17대 대선에서 보수 진영은 득표율 63.7%로 1,505만 표, 진보 진영은 35%로 826만 표를 얻었다. 이명박 정부는 679만 표 차이라는 압도적인 우위에서 출범했다. 이 표차는 진보 진영이 얻은 전체 표에 육박할 정도였다. 5년 전 연령대별 득표율에서 그러했듯이, 쉽게 극복할 수 없는 커다란 간격이었다. 단지 이번에는 이 압도적인 우세의 주인공이 보수 진영으로 바뀌었을 뿐이다. 물론 20~30대에서는 진보 진영이 상대적으로 선전했지만 연령대별 득표율에서도 보수 진영은 압도적으로 우세했다.

그런데 보수와 진보 진영으로 대별해 논의를 전개하는 과정

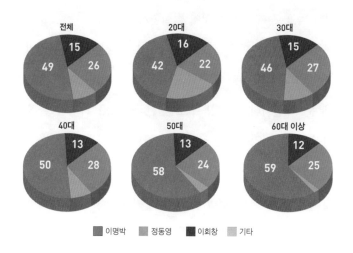

17대 대선 연령대별 득표율[3]

■ 이명박 ■ 정동영 ■ 이회창 ■ 기타

	보수진영			진보진영	
	이명박	이회창	합계	정동영	3者 합계
전체	49	15	64	26	35
20대	42	16	58	22	41
30대	46	15	61	27	38
40대	50	13	63	28	36
50대	58	13	72	24	28
60대 이상	59	12	71	25	27

3   보수 진영과 진보 진영의 합계가 100으로 떨어지지 않는 이유는 첫째, 여타 군소 후보가 제외되었고, 둘째 중앙선거관리위원회의 후보별 최종 득표율과 출구조사에서 연령대별 후보 득표율이 정확하게 맞아 떨어지지 않기 때문이다. 그런데 그 차이는 소수점 이하이거나 1~2% 이내에 불과해 무시해도 전체 논의에 문제가 되지 않는 정도다.

에서 가장 논란의 소지가 있는 것은 이회창 후보의 득표를 보수 진영의 득표로 계산하는 것이 적절한가의 문제다.

첫째, 이회창 후보의 표 가운데는 보수, 진보와 상관없이 충청 유권자의 지역 투표 성격의 표가 많을 수 있다. 이 추정은 일정 부분 사실이다. 이회창 후보는 전국적으로 약 15%를 득표했지만 충청 지역에서는 30%를 득표했다. 구체적으로는 충남 33%, 대전 29%, 충북 23%였다. 총 득표 수 356만 표 가운데 충청권 득표 수가 66만 표로 총 득표수의 19%였다. 충청권 비중이 전체의 10%임을 감안하면 9% 정도 충청권 어드밴티지가 작용한 것으로 보인다. 그럼에도 불구하고 그가 충청권에서 전국 평균보다 더 득표한 수는 30만 표에 불과하다. 그래서 이회창 표에 포함된 지역 투표의 규모는 이 글의 전체적인 논의에 크게 영향을 주지 않는다.

둘째, 17대 대선 후보 경선이 진행되는 동안 언론에 보도된 지지율 조사 결과를 보면 이명박 40%, 박근혜 25%, 나머지 35%는 정동영 등 진보 진영 후보와 지지 후보 없음으로 나뉘었다. 물론 한나라당 경선이 끝나기 전까지 출마 선언을 하지 않은 이회창은 후보 명단에 없었다. 이명박 40%, 박근혜 25%, 보수 진영 후보 합계 65%가 2007년 상반기 지지율이었고, 박근혜가 빠지고 이회창이 후보로 나선 본선에서도 이명박 50%, 이회창 15%로 보수 진영 합계 65%라는 큰 흐름이 이어졌다.

경선 당시 박근혜를 지지했던 유권자 25% 가운데 15%가 이회창에게, 10%가 이명박에게 옮겨간 것이다. 따라서 이회창에게 표를 던진 유권자의 절대다수가 보수 진영 후보를 지지한 것이다. 충청 지역 어드밴티지가 작용한 30여만 표는 논의의 적절성을 우려하기에는 상당히 미미한 수준이다.

2002년 진보 진영이 30년 집권론을 외치며 환호했던 것을 상기하면, 보수 진영의 입장에서 17대 대선 결과는 '이보다 더 좋을 수는 없다'였다. 16대 대선의 연령대별 득표율을 보면 이기기 힘든 선거였음에도 불구하고 1,505만 표 대 826만 표로 압도적인 승리를 거둔 것이다.

03

2012년,
반전의 연속

안개 속의
대접전

2012년 18대 대선은 새누리당의 박근혜와 민주통합당의 문재인
이 보수와 진보의 단일 후보로 나선 양자 대결의 진검승부였다.
투표율은 2000년대 들어 가장 높은 75.8%였고 개표 직전까지
양 진영 모두 승리를 자신할 수 없는 상황이었다. 투표율이 높은
것은 평소 투표장에 나오지 않던 젊은층이 많이 참여했다는 뜻
이고, 이는 결국 문재인 후보에게 유리하리라는 것이 정치권과
언론계의 일반적인 예상이었다. 예상처럼 방송 3사의 출구조사
결과 문재인 후보가 앞서고 있다는 소식이 전국을 휩쓸었다. 그
러나 최종 결과는 그 반대였다.

　　일단 당시 선거 결과를 냉정하게 다시 들여다볼 필요가 있다.

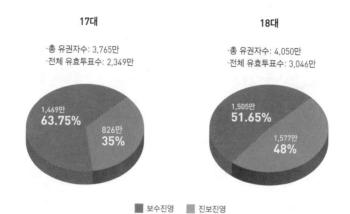

17-18대 대선 비교

17대

·총 유권자수: 3,765만
·전체 유효투표수: 2,349만

1,469만
63.75%
826만
35%

18대

·총 유권자수: 4,050만
·전체 유효투표수: 3,046만

1,505만
51.65%
1,577만
48%

■ 보수진영　■ 진보진영

	보수진영		진보진영	
	17대 대선	18대 대선	17대 대선	18 대선
득표수	1,505만	1,577만	826만	1,469만
득표율	63.7%	51.6%	35%	48%
총유권자수	3,765만	4.050만	3,765만	4,050만
전체 유효투표수	2,349만	3,046만	2,349만	3,046만

　　2007년과 2012년 사이, 전체 유권자 수는 3,765만 명에서 4,050만 명으로 285만 명 늘어났다. 이보다 더 중요하게는 63%에서 75.8%로 투표율이 10% 이상 상승했다. 이로 인해 전체 유효 투표 수는 2,349만 명에서 3,046만 명으로 697만 명 급증했다. 이는 전체 유권자 수 증가분(285만 명)의 두 배가 넘는 수치

다. 그런데 늘어난 유효 투표 수(1,469만 표) 697만 가운데 보수 진영으로 간 것은 72만 표, 약 10%에 불과하다. 반면 진보 진영은 16대 대선(826만 표)보다 643만 표를 늘려 증가분의 90%를 점하게 된다.[4] 72 대 643, 이 수치가 보여주는 18대 대선의 진실은 단순하다. 어마어마한 진보 지지 유권자의 재결집이다.

2007년과 2012년 사이 전체 유권자 수가 285만 명 증가하고 실제 투표에 참여한 유효 투표 수는 697만 명으로 급증했다. 그렇다면 2007년에는 투표에 참여하지 않았지만 2012년에는 참여한 유권자는 얼마나 될까? 정확한 수치는 알 수 없지만, 다음과 같은 방식의 추정은 가능하다.

5년 사이 선거인명부에서 빠진 사람들보다 새로 들어온 사람들이 285만 명 많은 것이다. 새로 유권자가 된 이들이 기존 유권자들과 동일한 비율로 투표에 참여했다고 가정하면, 이들로 인해 증가한 유효 투표 수는 216만 정도 된다. 전체 유효 투표 수 증가분 697만에서 216만을 빼면, 480만 정도가 2007년에는 투표에 참여하지 않았지만, 2012년에는 투표장에 나온 것으로 추정된다.

---

4   진보 진영 득표 수 증가분과 보수 진영 득표 수 증가분의 합계가 전체 유효 투표 수 증가분과 일치하는 이유는 보수와 진보로 분류되지 않는 후보들의 득표 수 변화가 논의에서 배제되었기 때문이다. 후보에 따라 10만에서 1~2만 표 내외지만 이들을 모두 합치고 두 차례 대선에서 무효로 처리된 표에서도 차이가 나서, 이를 합친 18만 표 정도의 오차가 나타나게 된다.

실제로 18대 대선에서 늘어난 285만 유권자 대부분은 20대 초반이다. 이들의 투표율은 70%를 약간 넘긴 수준이었다. 이렇게 계산하면 이들로 인한 유효 투표 수 증가분은 2백만 정도 된다. 전체 유효 투표 수 증가분 가운데 2백만은 이것으로 설명되고, 나머지 497만은 기존 유권자들의 투표율 증가에 기인한 것이다.

증가한 유효 투표 수 697만 가운데 문재인 후보를 선택한 유권자는 643만 명이었다. 즉 5년 사이 투표 불참에서 참여로 선회한 대부분의 유권자들이 진보 진영 후보에게 투표하기 위해 결집한 것이다. 따라서 18대 대선 결과를 보수 대결집으로 설명하려는 것은 일종의 착시 현상이고, 사실 여부로 따지면 완전한 허구다. 18대 대선의 실체는 엄청난 진보 세력 강화, 이에 비해 상당히 미미한 보수 세력 결집이었다.

어떤 학생이 중간고사에서 89점으로 1등을 하고 기말고사에서는 1점이 올라 90점으로 다시 1등을 했다. 이에 비해 2등을 한 학생은 중간고사에서는 80점, 기말고사에서는 89점으로 9점이나 올랐지만 등수에는 변함이 없는 상황과 유사하다. 성적이 크게 향상된 것은 두 번째 학생인데, 최종 등수만을 놓고 첫 번째 학생이 더 많이 노력했다고 하는 격이다. 어느 진영이 더 결집했는가는 어느 쪽 점수가 더 올랐는가로 판단해야 한다.

18대 대선 결과를 또 다른 관점에서 살펴보자. 앞서, 2002년에 진보 진영에 투표했던 최소 471만 명이 노무현 정부 5년을 거치고 난 2007년에는 이탈했다는 점을 밝혔다. 그렇다면 이명박 정부는 어땠을까? 2007년 보수 진영 득표 수는 1,505만, 2012년에는 1,577만으로 5년 동안 72만 표 늘어났다.

그런데 이 기간 동안 유권자는 3,765만에서 4,050만으로 285만 명 증가했다. 이들 대부분이 20대 초반으로 이들로 인한 유효 투표 수 증가분은 약 2백만이다. 이 연령대에서 박근혜와 문재인 후보의 득표율은 약 34 대 66으로, 이들로 인해 증가한 진보 진영 득표 수는 132만이다. 이명박 정부 5년 동안 진보 진영은 643만 표를 증가시켰으니 이 132만 표를 제외한 511만 표는 기존 유권자들의 변화여야 한다.

이제 2007년에는 선거인명부에 있었지만 2012년에는 사라진 유권자들의 영향력을 계산해야 한다. 이 기간 사망자 수는 약 170만 명이었다. 사망자 170만 명 가운데 60대 이상이 80%, 이 연령대의 투표율도 80%다. 이들에서는 70 대 30 정도로 보수가 앞선다. 이를 계산하면 선거인명부에서 사라진 유권자들로 인해 보수 진영이 잃은 표는 40만 표 정도가 된다. 진보 진영은 상대적으로 40만 표의 증가 효과를 보게 된다.

5년 동안 늘어난 진보 진영 표 643만 가운데 132만 표는 새로운 유권자의 진입, 40만 표는 선거인명부에 있던 유권자들의 이탈로 설명된다. 나머지 471만 표는 2007년과 2012년 모두 명부에 있던 유권자들의 변화로 증가한 것이다.

앞에서 2007년에 기권했다가 2012년에만 투표한 유권자의 규모는 약 480만 명으로 추정된다고 밝혔다. 이들이 모두 문재인 후보에게 투표했다면 대충 맞아 떨어진다. 즉 2012년에만 투표에 참가한 유권자 480만 명이 모두 문재인 후보에게 투표했다면 보수 표의 이탈은 없었다고 할 수 있다.

하지만 480만 명 모두가 문재인 후보에게 투표했다는 가정은 현실성이 없다. 2007년 기권자의 많은 수가 잠재적 진보 진영 지지자였다는 주장은 맞다. 그러나 잠재적 보수 지지자 가운데 2007년에 기권한 사람은 없다고 단언할 수 없다.

선거 결과가 박빙으로 예상되면 투표율이 올라간다는 것은 상식이다. 보수, 진보 모두 투표율이 높아진다. 반대로 일방적인 승부가 예상되면 패배가 예견되는 진영의 지지자(2007년에는 진보 지지자)들의 투표율도 낮아지지만, 동시에 낙승이 예견되는 보수 진영 지지자들 가운데서도 기권자가 나오게 된다. 2012년에는 박빙 승부가 예상되었다. 낙승을 예견하고 2007년에는 기권했던 보수 지지자들도 2012년에는 투표장으로 향하게 된다.

그 정확한 수치를 알 수는 없다. 그러나 이 점 하나는 분명하다. 2012년 보수 진영을 선택한 유권자가 2007년에 비해 72만 명 늘었다고 해서 2007년에 보수 진영을 지지한 유권자들이 2012년에 진보 지지로 이탈하지는 않았다고 주장하는 것은 맞지 않다. 2007년 기권에서 2012년 참여로 선회한 보수 유권자의 수만큼, 두 선거에 모두 참여한 2007년 보수 투표자의 이탈이 있어야 한다. 만약 2007년에는 기권하고 2012년에는 보수 후보에게 투표한 사람이 1백만 명이라면, 2007년에는 보수 후보에게 투표하고 2012년에는 진보 후보 지지로 선회한 유권자의 수는 30만 명이 된다.

달라도
너무 다른 당신

이명박 정부 5년을 거치면서 진보 후보로의 대대적인 결집 현상이 나타난 원인은 무엇일까? 5년 전 보수 진영에 압승을 안겨주었던 유권자들이 왜 돌아선 것일까?

여기 이 질문에 대한 답의 실마리를 풀 수 있는 여론조사 결과가 있다. 이명박 후보가 대통령에 당선되기 이전과 당선 2년 후에 유권자들에게 이 대통령의 이념 성향을 어떻게 평가하는지 조사한 결과다. 조사 결과에 의하면, 후보 시절 이명박은 상당히 중도적인 사람으로 인식되었다. 평균적인 국민과 매우 유사하게 여겨진 것이다. 즉 보통 국민의 입장에서는 정치를 보는 관점이나 세계관, 철학 등이 나와 매우 근접한, 나와 같은 생각을 가진 사람으로 보였다. 그러나 불과 2년 후 조사는 전혀 다

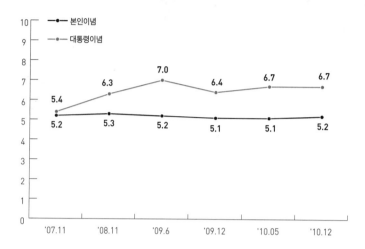

유권자와 대통령의 이념 척도

본인이념
대통령이념

르 스토리를 보여준다.

위 그래프는 한국 리서치가 대통령의 이념 성향에 대한 국민들의 인식을 조사한 결과[5]를 정리한 것이다. 17대 대선 직전인 2007년 11월의 첫 조사는 당시 대통령의 이념 성향에 대한 인식과 응답자 본인의 이념 성향에 대한 여타 조사들과도 결과가 거의 동일했다.

이 조사는 "매우 진보를 0, 중도를 5, 매우 보수를 10이라할 때, 이명박 후보(대통령)의 이념 성향은 어디에 가깝다고 보

5   이 표의 맨 왼쪽에 있는 2007년 11월 조사는 동아시아연구원(EAI)·중앙일보·SBS·한국리서치가 2007년 대선 기간 동안 여섯 차례 진행한 패널조사 가운데 4차 조사 자료이며, 여타 조사는 대선 이후 한국리서치에서 이념 성향에 대해 자체적으로 조사한 결과들을 취합한 것이다.

십니까? 0에서 10 사이로 말씀해주십시오"라는 질문과 "동일한 기준으로, 선생님 자신의 이념 성향은 어디에 가깝다고 보십니까? 매우 진보는 0, 중도는 5, 매우 보수는 10입니다. 0에서 10 사이로 말씀해주시면 됩니다"라는 질문을 사용해 이루어졌다.

2007년 11월 조사에서 이명박 후보의 이념 성향은 중도에서 약간 보수 쪽으로 기운 5.4 정도로 인식되고 있었고, 응답자들의 평균은 5.2였다. 그러나 당선 이후에는 응답자 본인에 대한 인식은 거의 변화가 없었던 반면, 대통령에 대해서는 상당히 보수적인 쪽으로 기울었다. 대통령 선거 1년 후에는 6.3, 1년 6개월 후에는 7.0을 기록했다가 이후 약간 하락한 수준에서 유지되었다.

타인에 대한 평가에서 극단적으로 응답하기를 꺼리는 한국인의 성향을 감안하면 7.0이라는 수치는 상당히 높은 것이다. 즉 평균적인 국민의 입장에서는 대선 전 이명박 후보는 '나와 매우 유사한 중도적인 인물'로 평가되다가 집권 이후에는 '나와는 너무 다른 보수적인 대통령'으로 인식된 것이다.

다음 그래프는 대통령과 응답자 본인의 이념 성향 차이에 대한 인식과 대통령에 대한 부정적인 평가와의 상관관계를 보여준다. 20대와 30대에서 이명박 대통령에 대한 부정적인 인식이 가장 높았고 그다음이 40대, 그리고 50~60대 고연령층에서는 지지율이 높게 나왔다. 이러한 결과는 본인과 대통령의 이념 차

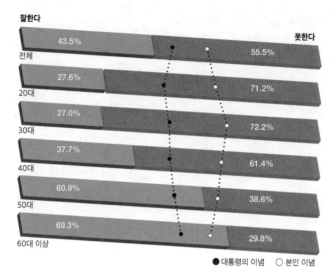

대통령에 대한 이념 인식과 평가의 상관관계

잘한다

못한다

	잘한다	못한다
전체	43.5%	55.5%
20대	27.6%	71.2%
30대	27.0%	72.2%
40대	37.7%	61.4%
50대	60.9%	38.6%
60대 이상	69.3%	29.8%

● 대통령의 이념　○ 본인 이념

자료는 2010년 12월 조사 자료다.
전국 1천 명을 대상으로 한 조사이며, 오차범위는 +-3.1%이다.

이에 대한 인식과 높은 상관관계가 있었다. 즉 세상을 보는 관점이 나와 다른 대통령이라고 인식할수록 대통령이 국정 운영을 잘못하고 있다고 평가했다.

이는 이명박 대통령이 국정 운영을 잘못하고 있다고 평가한 응답자들을 대상으로 그렇게 생각하는 이유를 물은 조사에서도 잘 나타난다. 임기 내내 지속되었지만 "대화와 타협 없이 너무 일방적으로 밀어붙인다" "지나치게 권위주의적이고 과거 회귀적이다" "서민이나 보통 사람보다는 부자나 가진 사람들의 편을 든다" 등을 꼽을 수 있다. '나와는 너무 다른 당신'이라는 인식은 이명박 정부가 집권 내내 '강부자, 고소영 정권'이라는 비판에 시달린 것과 맥이 닿아 있다.

대화와 타협이 아닌 일방적 국정 운영에 대한 비판이 이명박 정부에만 국한된 것은 아니었다. 노무현 정부 역시 '독선적 국정 운영' '코드 인사'라는 비판을 받았다. 대선에서 승리한 대통령과 진영이 집권 5년 만에 치러지는 다음 대선에서 참패하는 '승자의 저주'는 집권 세력의 국정운영 방식과 관련되어 있다. '코드 인사'와 '불통' 등으로 표현되는 집권 세력의 독선이 5년 전 지지했던 민심이 떠나가는 가장 중요한 이유인 것이다.

04

실패한 보수가
정권을 빼앗기지 않은 이유

**진보가
재결집에도 패배한 까닭은**

2012년 대선에서 새누리당의 박근혜 후보는 민주통합당의 문재인 후보를 108만 표 차이로 누르고 대통령에 당선되었다. 이 결과를 설명하기 위해 등장한 가장 그럴듯한 설명이 보수 결집론이었다. "보수 후보가 승리한 이유는 보수적인 유권자들이 결집해서 그렇다." 그러나 이는 원인 분석이 아니라 동어반복에 불과하다.

　진보 후보가 승리하면 진보 유권자가 결집한 것이고, 보수 후보가 승리하면 보수 유권자가 결집한 것이라고 설명하는 진영 결집론은 한국의 정치권과 언론계에 가장 널리 퍼져 있고, 그 신봉자도 가장 많은 것으로 보인다. 문제는 이 단순한 진영 결집론이 미치는 정치적 악영향이 심대하다는 것이다. 그 점에 대해서는 6장에서 자세히 다룰 것이다.

진영 결집론은 심층적인 원인 분석에 가장 방해가 되는 논리다. 다음 선거를 위한 교훈을 찾아낼 수 없기 때문이다. 진영 결집론으로 설명해버리면 더 이상 원인을 찾을 이유가 없다. 게다가 사실도 아니다.

18대 대선의 기본 특징은 진영 결집론의 주장과 달리 보수 결집이 아니다. 2007년에 비해 2012년 대선은 늘어난 유권자 수와 높아진 투표율로 인해 투표자가 697만 명이나 증가했다. 이를 2007년 득표 수와 비교해보면, 늘어난 697만 표 중 보수 진영으로 간 표는 72만 표인 반면, 진보 진영은 643만 표를 가져갔다. 72만 대 643만. 이 수치가 보여주는 18대 대선의 진실은 단순하다. 정반대로 진보 진영의 엄청난 결집이다. 그럼에도 불구하고 문재인 후보는 패배했다. 그러나 17대 대선에서의 참패와 비교하면 18대 대선은 긍정적인 징후일 수도 있었다. 10년 전 약 50 대 50의 경합 구도가 재현된 것으로 볼 수 있었다. 즉 노무현에게 투표했던 자신의 지지자들을 회복했다는 의미일 수 있다. 17대 대선 때에 비해 상황이 호전된 것은 분명했다. 그러나 여전히 10년 전의 지지 수준을 회복하지는 못하고 있다.

10년 전 노무현 후보에 비해 문재인 후보는 훨씬 유리한 상황이었다. 첫째, 과거 진보 진영의 표를 나누어 갔던 권영길 같은 제3의 후보가 없었다. 즉 진보 진영 후보 단일화가 성사된 것이다. 둘째, 10년 전에는 존재하지 않았던 새로운 20대 유권자가 생겼다. 이들 20대에서 문재인 후보는 65.8 대 33.7로 압승을 거두었다.

또한 노무현 후보가 완패했던 60대 이상 고연령층 가운데 적지 않은 수가 선거인명부에서 사라졌거나 여러 가지 이유로 투표장에 가지 못했을 가능성이 높다. 따라서 문재인 후보는 최소 5% 이상의 차이로 승리했어야 한다.

그러나 결과는 51.6 대 48, 3.6% 차이로 박근혜 후보가 승리했다. 10년 전 진보 진영 후보에 투표했던 지지자들을 온전히 회복했다면 문재인 후보의 승리가 당연한 선거였다. 사실 노무현 후보 지지자만 제대로 결집시켰더라도 당선자는 문재인이었을 것이다. 통계 자료로 이를 살펴보자.

먼저 16대 대선과 18대 대선 사이 전체 유권자는 3,500만에서 4,050만으로 550만 명 증가했다. 투표율도 70.8%에서 75.8%로 5% 상승했다. 이에 따라 전체 유효투표수도 2,456만에서 3,046만으로 590만 명 증가했다. 이 10년 사이 보수 진영은 1,143만에서 1,577만으로 432만 표를 늘렸다. 그러나 진보 진영은 1,297만에서 1,469만으로 172만 표를 늘리는 데 그쳤다. 유효 투표 수 증가분 590만 가운데 보수 진영이 72%, 진보 진영이 28%를 점했다.

새로 유권자가 된 20대에서 문재인 후보는 66 대 34 박근혜 후보를 더블스코어에 가깝게 앞섰다. 거꾸로 명부에서 사라진 유권자들이 있고 이들의 절대다수는 60대 이상이다. 10년 전 60대 이상에서 이회창 후보는 노무현, 권영길 후보의 진보 진영을 6 대 4로 압도했다. 상대 진영 지지자들이 상당수 사라지고 자신의 지지자들 역시 상당수 새로 생긴 상황에서 진보 진영이 과거의 우세 구도를 회복하지 못한 이유는 무엇일까?

답은 간단하다. 10년 전에도 또 10년이 지난 후에도 명부에 존재했던 유권자층에서 과거의 지지세를 회복하지 못했기 때문이다.

한국의 출구조사는 출생년도를 묻는 것이 아니라 10세 단위의 연령대만 묻는다. 따라서 유권자가 시간이 지남에 따라 투표에서 어떤 변화를 보이는지 정확하게 추적조사하기가 불가능하다. 예를 들어 16대 대선 당시 20대였던 유권자는 17대 대선에서는 절반은 여전히 20대, 나머지 절반은 30대가 된다. 5세 단위로 측정하거나 애초부터 출생년도를 묻는다면 간단하게 해결될 문제 때문에 이에 대한 연구가 진행되기 어려운 실정이다.

다행히 16대 대선과 18대 대선 사이에는 정확히 10년의 간극이 있기 때문에 연령대별 비교 분석이 가능하다. 2002년 20대의 68%가 노무현과 권영길 두 후보에게 투표했다. 이들은 30대가 된 2012년에도 문재인 후보에게 거의 비슷한 비율로 투표

16·18대 대선 진보 진영 연령대별 득표율

	16대		18대
	노무현	진보 합계	문재인
전체	48.9	53	48
20대	62	68	66
30대	59	66	67
40대	47	51	56
50대	41	43	37
60대 이상	39	40	28

했다. 반면 2002년 30대 유권자는 66%가 진보 진영에 투표했지만 2012년에는 10%가 줄어든 56%만이 진보 진영에 투표했다. 2002년 40대는 51%에서 37%, 50대는 43%에서 28%로 진보 진영 투표율이 15%나 감소했다. 물론 2012년의 60대가 2002년에 모두 50대였던 것은 아니다. 60대의 절반은 2002년도에도 60대였다. 2002년에 50대와 60대였던 유권자의 투표 성향이 바뀌지 않았다고 가정하면, 2012년 60대 이상 고연령층의 진보 진영 투표율은 40%는 넘었을 것이다.

2002년 20대였던 유권자를 제외하면 전 연령대에서 진보 진영에 대한 투표율이 10% 이상 낮아졌다. 이것이 진보 진영이 2002년의 영광을 재현하지 못한 이유다. 즉 2007년 17대 대선에 비해서는 매우 선전했지만 2002년 진보 진영의 승리는 노무현 정부 5년을 겪으면서 471만 명의 지지자 이탈로 2007년 참패로 귀결되었고, 2012년에는 지지층을 재규합하는 데는 성공했으나 승리로 이어지지 못한 이유는 2002년 지지자의 상당수가 여전히 돌아오지 않았기 때문이다.

2002년 당시 30대 100명 가운데 16명, 40대 100명 가운데 27명이 진보 진영으로 돌아오지 않았다. 즉 당시 노무현과 권영길에게 표를 던졌던 40대 중 4명 가운데 1명 이상이 문재인을 선택하지 않았다.

왜 진보 진영을 더 미워하는가

2002년 이후 최근 대통령 선거의 특징 하나는 정권 심판이다. 그리고 정권 심판의 주역은 상대 진영을 지지했던 유권자가 아니다. 대통령을 지지했던 유권자가 5년 동안의 국정 운영에 실망해 다음 대선에서는 투표에 참여하지 않거나 상대 진영 후보에 투표하는 방식이다. 노무현 정부 5년 동안 진보 진영은 지지자 471만 명을 이탈시켰다. 이명박 정부 5년은 다시 진보 진영 후보에게 643만 표를 몰아주는 결과를 초래했다. 그럼에도 불구하고 2012년 박근혜 후보가 당선된 가장 중요한 이유는 진보 진영에 대한 실망이 여전히 남아 있는 유권자들이 존재하기 때문이다.

그런데 왜 일부 유권자는 직전의 이명박 정부 대신 그 전의 노무현 정부를 심판하는가? 사실 대부분의 유권자는 직전의 이명박 정부를 심판했다. 그 결과가 미미한 보수 표 결집, 이를 압도하는 대대적인 진보 표 결집이었다.

10년 전에 집권한 진보 진영에 불만이 많았지만 임기 막바지인 보수 진영 대통령이 더 잘못한다고 생각하면 미워도 진보 진영에 표를 던지게 된다. 18대 대선에서 진보 진영 후보가 대약진한 이유다. 그렇지만 모든 유권자가 이와 같은 방식으로 움직이는 것은 아니다. 최근의 경험이 중요하지만 그보다 앞선 과거의 경험이 매우 심각하다면, 즉 이명박 정부도 잘못했다고 생각하지만, 노무현 정부에 대한 분노가 더 크다면, 여전히 보수 진영에 한 표를 던진다. 진보 진영에 대한 식지 않는 분노를 가진 유권자들이 상당수 존재했고 이들이 18대 대선의 승패를 가른 것이다.

핵심은 진보 진영에 투표했던 중도층의 민심 이반이다. 노무현 정부 초반의 50%대 지지율은 그에게 표를 주었던 유권자들의 지지에 의해 것이었고, 중도층이 떠나자 과반 지지율은 무너졌다. 이명박 정부 2년차 하반기에 친서민 중도 실용 노선으로의 복귀를 천명하면서 지지율이 회복된 이유도, 떠났던 중도층이 다시 돌아오면서 가능했던 것이다.

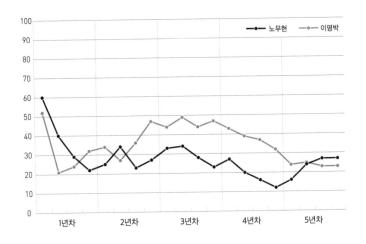

노무현 대통령과 이명박 대통령의 임기 지지율

그런데 왜 진보 진영을 더 미워할까? 사실 노무현 정부가 진보 진영 전체를 대변하는 것도 아니고 이명박 정부가 보수 진영의 유일한 대표 선수도 아니다. 그럼에도 불구하고 정권 심판으로 치러지는 대통령 선거에서 이명박과 노무현은 보수와 진보의 대표 선수로 인식된다.

2002년부터 우리는 진보와 보수의 두 정부를 경험했다. 두 정부 모두 국민적 평가는 호의적이지 않았다. 그러나 노무현 정부에 대한 부정적 평가가 더 높았다. 이것이 18대 대선 결과를 갈랐다.

이명박 정부는 노무현 정부에 비해서는 상대적으로 양호한 평가를 받았다. 18대 대선은 이명박 정부에 대한 심판이 가장 중

	보수진영			진보진영		
	16대	17대	18대	16대	17대	18대
득표수	1,144만	1,505만	1,577만	1,297만	826만	1,469만
득표율	46.6%	63.7%	51.6%	53%	35%	48%
총유권자수	3,499만	3,765만	4,050만	3,499만	3,765만	4050만
전체 유효투표수	2,456만	2,361만	3,046만	2,456만	2,361만	3,046만

요했지만 그것이 전부는 아니었다. 노무현 정부를 통해 진보 진영을, 이명박 정부를 통해 보수 진영을 평가한 종합적 결과가 박근혜 후보의 당선으로 나타났다고도 할 수 있다.

이는 16대 대선에서 진보 진영을 선택했으나 17대 대선에서 이탈한 유권자 가운데 5분의 1에 달하는 상당수가 18대 대선에서 진보 진영으로 되돌아가지 않았다는 사실로도 유추할 수 있다.

박근혜,
선거의 여왕인가

18대 대선에서 보수 진영이 승리한 이유를 보수 대결집으로 보는 이들은 이를 이끌어낸 박근혜의 개인적 강점에 주목한다. 한

나라당 대표 시절, 비상대책위원회 위원장 시절 각종 선거에서의 선전과 연관 지으며 박근혜를 '선거의 여왕'으로 지칭하는 데 주저함이 없다.

그러나 앞에서 살펴본 대로, 보수 결집론은 허구다. 보수가 72만 표를 늘리는 동안 진보는 643만 표나 늘어났다. 남들 90점 올릴 때 10점 올려놓고 성적이 많이 올랐다고 하는 격이다. 보수 결집론이 허구라면, 박근혜이기 때문에 가능했다는 주장도 허구다. 그러나 그렇다고 박근혜가 아니었어도 보수가 승리했을 것이라는 주장도 맞다고 할 수는 없다.

다만 박근혜가 보수 표를 결집해 보수 진영이 승리했다는 주장은 사실이 아니라는 점은 분명하다. 이명박 당선의 일등공신은 노무현 정부였고, 2012년 진보 대결집의 주역은 이명박 정부였다는 점 또한 분명하다. 집권 세력의 일방적 국정 운영에 대해 반발하는 '왕년의 지지자'들의 대규모 지지 철회와 이탈이 한국 대선의 기본 특징이라는 점을 인정하고 후보로서의 개인 박근혜가 선거에 미친 영향력을 다시 논의해야 한다.

박근혜이기 때문에 가능한 박근혜만의 득표력은 어느 정도일까? 박근혜라서 찍었다는 유권자 수를 세어보면 되겠지만, 박근혜라서 찍지 않았다는 유권자 수도 만만치 않을 것이다. 박근혜의 득표력을 추정하기 위해 17년 대선으로 돌아가보자. 당시 한나라당의 대선 후보 경선이 끝나기 전까지 이명박 후보는 평균 40%, 박근혜 후보는 25% 정도에서 지지율이 형성되었다.

박근혜 후보가 경선 패배로 대선 경쟁에서 이탈하고 또 다른 보수 진영 후보 이회창이 대선 레이스에 뛰어들었다. 최종 대선 득표율은 대략 이명박 50%, 이회창 15%였다. 이명박의 당선이 유력시되던 상황에서도 이회창이 얻은 15%의 대부분은 한나라당 경선 당시에는 박근혜의 25%에 속해 있었다. 박근혜의 25% 가운데 10%가 이명박에게, 15%가 이회창에게 간 것이다. "누가 당선이 유력한지와 상관없이 나는 박근혜다." 그래서 이들은 박근혜의 적수였던 이명박이 아니라 이회창 지지로 선회한 것이다.

경선 당시 박근혜를 지지한 25% 가운데 끝까지 이명박을 지지하지 않고 이회창에 한 표를 던진 15%, 즉 356만 명이 개인 박근혜의 득표력을 추정하는 출발점이 될 수 있다. 만약 박근혜가 한나라당 후보가 되었다면 이명박의 40%가 모두 박근혜에게 돌아갔을까? 그래서 박근혜 후보가 65%를 득표해 대통령에 당선되었을까? 그랬다면 이회창의 15%, 356만 표가 박근혜의 득표력이 되는 것이다.

그런데 한나라당 경선 당시 이명박의 40%에는 15% 정도의 중도표가 있다는 것이 정설이었다. 이명박과 박근혜 두 후보의 지지율 합이 65%를 넘은 상황이었다. 보수 '콘크리트 지지층'을 40% 정도로 추산한다. 이를 50%까지 늘려 잡아도 나머지 15%

는 중도 표라는 계산이 나왔던 것이다. 만약 박근혜가 한나라당 후보가 되고, 경선에서 이명박을 지지하던 중도 표 15%가 모두 이탈했다면 박근혜 득표력은 0이 된다.

박근혜 득표력의 최대치는 이회창이 가져간 15%, 356만이고 최소치는 0이다. 박근혜가 본선 후보인 가상의 상황에서 중도 표 15% 가운데 절반이 박근혜 지지, 나머지 절반이 이탈했다면 180만 정도가 박근혜 득표력이라고 할 수 있다.

박근혜가 정말 선거의 여왕인가에 대해서는 물론 이 정도로 충분하지는 않다. 그러나 박근혜의 득표력을 최대치인 356만 표의 절반인 180만 표 정도라고 해도 246개 국회의원 선거구당 약 7,300표를 박근혜 개인 표로 잡아주는 것으로, 꽤나 큰 수치다. 이처럼 박근혜라는 정치인이 선거에서 가지는 경쟁력은 어느 정도 그 실체를 확인할 수 있지만 600만에서 800만 표가 출렁이는 한국 대선의 특성을 생각했을 때 "선거의 여왕"의 영향력은 생각했던 것보다 대선에서 결정적인 요소는 아니었다고 할 수 있다.

한국 대선에는
특별한 것이 있다

최근의 대선들은 지지자들에 의한 정권 심판이라는 특징이 있었다. 논쟁은 그 원인을 분석하면서 시작된다. "노무현, 이명박 정부 모두 국정 운영 잘못으로 이런 결과를 초래했다. 역시 선거는 지지자를 잘 결집시켜야 한다. 차기 대선을 염두에 둔다면 국정 운영도 그렇게 해야 한다." 정치권에서 만난 선거 전문가 대부분은 여기까지는 같은 의견이었다. 그러나 한 발짝 더 나아가면 전혀 다른 결론이 나오곤 했다.

"진보 진영은 진보 유권자들을 잘 결집시켜야 하고 그러기 위해서는 자기 색깔을 분명히 해야 했다. 노무현 정부는 좌회전 깜빡이를 켜고 우회전을 하는 바람에 이런 사달이 났다."

즉 이런 말이다.

"진보 정권은 진보 유권자들의 지지로 당선되었고, 이들을 잘 결집하는 국정 운영을 해야 차기 대선에서도 승리한다."

이것이 지금 우리 정치권과 언론계에서 득세하는 진영 결집론, 진영 논리다.

그런데 '진보 진영 지지자' 또는 '진보 후보 투표자'라고 할 때, 이 모두가 진보 성향 유권자인 것은 아니다. 예를 들어 16대 대선에서 노무현이나 권영길에게 투표한 유권자 모두가 이념 성향상 진보 유권자는 아니다. 진보 후보에 투표한 유권자들에는 이념 성향이 진보인 진보 성향 유권자와 이념 성향이 진보는 아니지만 진보 후보를 지지한 유권자가 모두 포함되어 있다. 중도 성향이지만 노무현이나 권영길에게 투표한 유권자가 존재한다. 두 개의 전혀 이질적인 집단이 진보 후보를 지지했다는 이름으로 하나로 뭉뚱그려진 것이다.

진영론자 가운데는 종종 자신이 주장하는 바가 진영론인 줄 모르는 채 유권자를 진보와 보수 두 집단으로만 구분하는 이들이 적지 않다. 그러다 보니 '우리 지지자'에 중도 성향 유권자도 있다는 사실을 고려하지 않는다. 또한 유권자는 진보와 보수 두 집단뿐이고, 이들이 각기 자기 진영을 찾아간 것이므로 선거 결과에 대한 더 이상의 설명은 필요 없어진다. 논의는 여기서 종결된다.

물론 중도 성향 유권자의 존재를 인정하는 진영론자도 적지 않다. 그러나 존재는 인정하되 중도 성향 유권자가 선거 결과를 좌우할 만큼 규모가 크거나 독자적인 역할을 한다고는 생각하지 않는다.

지지자들을 잘 결집시켜야 선거에서 승리한다는 점에는 동의하지만 그 해법이 달라지는 이유가 여기 있다. 진영론자에게 '우리 지지자'는 각기 진보와 보수 성향 유권자만을 의미하기 때문에 보수(진보) 진영론자에게 지지자들을 결집시키는 국정 운영이란 보수(진보)의 논리에 바탕을 둔 국정 운영을 의미한다. 그러나 중도 성향 지지자의 존재를 인정하는 사람에게는 그들까지 포함하는 통합적 국정운영을 의미한다. '우리 지지자'에는 보수(진보) 성향 유권자만 있는 것이 아니기 때문이다.

진영론자들은 이념적 색깔을 분명히 하는 국정 운영을 바람직하다고 여긴다. 그러나 이런 생각이 노무현 정부와 이명박 정부의 일방적 국정 운영을 초래하고, 중도층을 이반시켜 두 정부의 실패를 부른 것이 아닐까. 진영론의 오독으로 인한 잘못된 확신이 집권 세력의 국정 운영에 그대로 반영된다. 특히 진보와 보수 진영이 격렬하게 대립하는 국정 이슈들이 발생하면 집권 세력 내부에서는 "반대 진영의 공격에 밀리면 끝장이다. 우리 지지자들을 믿고 끝까지 가야 한다"는 천박한 진영 논리가 판

을 친다. 차기 대선에서의 참패는 이러한 잘못된 진영 논리와 무관하지
않다.

대선에서 표를 주었던 지지자들마저 등을 돌리는 극적인 이 반전의 원
인을 이론적으로 밝히는 것이 2부의 목적이다.

유권자,
그들은 누구인가

대통령을 선택하는
특별한 기준

대선의 승패는 4천만 유권자 개개인의 선택에 달려 있다. 대통령
은 운명運命도 아니고 천명天命도 아니다. 4천만 개개인이 투표소
에서 내린 최종 결정을 중앙선거관리위원회에서 집계한 결과다.
그래서 대선에서 나타난 민의를 정확하게 파악하기 위해서는 먼
저 한 사람의 의사결정자로서 유권자가 어떤 과정을 거쳐 최종
선택에 이르게 되는지에 대해 살펴봐야 한다.

  유권자는 선택을 해야 한다. 자신의 한 표를 어느 후보에게
행사할지 결정해야 한다. 단 한 명의 후보만 출마했다 해도 그
에게 투표할지 기권할지 두 가지 선택지 가운데 하나를 결정해
야 한다. 만약 진보와 보수 두 명의 후보가 출마했다면 진보 후

보를 찍든지 보수 후보를 찍든지 기권하든지 세 가지 가운데 하나를 선택해야 한다. 그리고 이 선택에 미치는 요인들은 무궁무진하다.

동향 사람이어서, 인상이 좋아서, 경력이 훌륭해서, 나와 같은 서민 출신이라, 나와 같은 보수적 입장을 가진듯해서, 내가 좋아하는 진보 진영의 후보이므로, 박정희의 딸이니까 혹은 내가 싫어하는 우리 부장이 박근혜를 지지하니까 나는 문재인에게 한 표, 4대강 사업을 밀어붙인 이명박이 미워서 또 문재인에게 한 표 등 '투표 결정 요인voting determinants'은 다양하다.

그런데 이렇듯 다양한 요인들에 의해 투표를 결정하는 유권자들의 선택 과정에서 공통점을 찾아낼 수는 없는 것일까? 모든 이론의 발전 과정이 그러하듯이, 선거 이론도 개인적이고 다양한 사례에서 공통점을 발견하려는 노력으로 발전해왔다.

선거는 현대 대의제 민주주의의 핵심인 만큼 무수한 연구와 다양한 이론들이 발전해왔다. 선거 연구를 주도하고 있는 미국에서는 대통령 선거가 한 번 치러지고 나면 수천 편의 연구 논문이 쏟아져나온다. 저명 학자들이 단행본으로 출간하는 연구서도 수백 권에 달한다. 그 중심에 유권자의 투표 행태에 대한 연구가 있다.

학자들의 일은 복잡한 세상을 단순화하고 개별 사례들에서 보편 법칙을 찾아내는 것이다. 선거 연구자들도 유권자의 투표 행태에서 공통점을 찾아내려 애썼다. 후보를 선택할 때 유권자가 가장 중요시하는 것은 무엇인가? 유권자의 선택에 가장 큰 영향력을 미치는 요인을 무엇으로 보느냐에 따라 선거 연구는 크게 두 가지 학파로 나뉘어 발전해왔다. 바로 사회-심리학적 접근법과 합리적 유권자 모델이다. 출발은 심리학적 접근법이 먼저이지만 독자의 이해를 돕기 위해 합리적 유권자 모델부터 시작해보자.

유권자는
합리적일까

합리적 유권자 모델은 유권자는 합리적인 선택을 한다고 보는 이론으로, 경제학의 합리적 소비자 이론으로 민주주의와 선거를 설명한다. 논리 전개 과정은 복잡하지만 결론은 간단하다. 유권자는 자신에게 가장 이득을 줄 수 있는 후보를 선택한다는 것이다. 앤서니 다운스Anthony Downs에 의하면, 유권자는 합리적이며 국정 운영을 잘할 사람을 뽑는다는 점에서 미래를 중요시하는 전망적 투표를 한다. 다운스는 전망적 투표 이론prospective voting theory의 창시자로 여겨진다.

유권자는 합리적이라고 주장한다는 점에서 다운스와 같은 입장이지만, 집권 이후 국정 운영을 잘할 정당이 아니라 집권 당

시 잘했는가를 기준으로 투표한다고 주장한 학자가 있었다. 키
V. O. Key에 의하면, 유권자의 합리성은 집권 세력이 잘했다고 생
각하면 여당 후보에게, 잘못했다고 생각하면 야당 후보에게 투
표하는 것에 있다. 집권 여당이 어떻게 했느냐가 가장 중요한 판
단 기준이라는 점에서 회고적 이론retrospective theory이라 불린다.

대선 중간에 치러지는 국회의원 선거나 지방자치단체 선거
를 중간 선거라고도 부른다. 대통령과 집권 여당에 대한 중간 평
가라고도 한다. 그래서 야당에서는 종종 정권 심판론을 들고 나
와 집권 세력을 심판하자고 목소리를 높인다. 키에 의하면 집권
세력에 대한 평가에 근거해 이루어지기 때문에 중간 선거뿐 아
니라 차기 대선 역시 정권 심판이다.

미국의 역대 대선 결과는 집권 세력의 업적과 성취에 대
한 평가에 의해 결정되어왔다. 평가가 좋으면 재집권하고, 그렇
지 못하면 야당에게 정권이 넘어갔다. 미국의 유권자는 집권세
력의 업적과 과오에 부합하는 투표를 행하는 합리적 유권자인
것이다.

유권자는
감정적일까

합리적 유권자 모델을 먼저 설명했지만, 현대 선거 연구는 사

회-심리학적 접근법을 취하는 학자들에 의해 시작되었으며 미국에서는 이들의 학설이 주류로 여겨질 만큼 영향력이 절대적이다.

사회-심리학적 접근의 역사는 1940년대로 거슬러 올라간다. 당시 유럽은 파시즘, 나치즘 등 전체주의 물결에 휩싸여 있었고 미국 학자들의 관심은 대중이 어떻게 파시즘과 나치즘의 광기에 동조하게 되었는가였다. 이에 따라 사회 구성원들의 태도는 어떻게 형성되고 변화하는지가 연구의 중점이 되었다.

당시 콜롬비아 대학교 교수 라자스펠드Paul F. Lazarsfeld와 동료들은 1940년 미국 대통령 선거를 연구했다. 연구 결과는 나치스 같은 전체주의자들의 선동에 대중이 왜 동조하는지 관심을 가졌던 학자들의 우려를 더욱 크게 하는 것이었다.

이들이 마음속에 품고 있던 이상적 시민은 이성적이고 합리적으로 판단하는 유권자였다. 하지만 기대와 달리 미국 유권자들이 대통령을 선택하는 데 이르는 과정은 선입관과 정보의 왜곡에 의한 편견으로 가득 차 있었다.

선거 기간 동안 후보나 정당에 대한 여러 가지 정보가 제공되지만, 이 새로운 정보들이 유권자들의 인식을 합리적인 방향으로 바꾸는 것이 아니라 기존에 가지고 있던 생각, 즉 선입관을 확대·강화하는 역할만 할 뿐이었다. 즉 민주당을 좋아하던 사람은 민주당을 더 좋아하고, 싫어하던 사람은 더 싫어하게 되는 것이다. 한국에서 호남 유권자의 대다수가 호남을 대표하는 정당 쪽으로, 영남에서는 이 반대 방향으로 움직이는 것과 유사하다.

이러한 발견은 후에 정당 일체감Party identification이라는 개념 으로 발전하게 된다. 개인은 사회화 과정에서 특정 정당에 대한 일체감이 형성되고, 대부분의 경우 이 정당일체감은 평생 지속 되면서 투표 행태에 영향을 미친다는 것이다. 그래서 민주당과 일체감을 가진 유권자는 민주당을, 공화당과 일체감을 가진 유 권자는 공화당 후보를 계속 선택한다.

합리적 유권자 모델에 의하면, 유권자의 선택에 영향을 미 치는 가장 중요한 요인은 집권 세력의 국정 운영에 대한 평가나 경제 상황에 대한 인식 등이다. 그런데 이같은 인식은 사실 주 관적인 것이다. 즉 유권자의 선택에 영향을 미치는 것은 객관적 요인이 아니라 객관적 요인에 대한 인식이라는 주관적 요인이다.

객관적 현실은 그다지 중요하지 않다. 이에 대한 개인의 인 식이 주관적이기 때문이다. 언뜻 궤변처럼 들릴 수도 있지만, 인 지과정의 중요성을 정확하게 지적한 것이다. 예를 들어 김대중 은 대통령으로서 국정 운영을 잘했는가? 이에 대한 객관적 평가 기준이 존재하는가? 존재할 수 있다. 그러나 중요한 것은 유권자 개개인의 주관적인 인식이다.

한국에서 김대중 전 대통령에 대한 평가는 영남과 호남에 서 극명하게 갈린다. 박근혜 대통령에 대한 평가 역시 출신 지역이나 이념 성향에 따라 극과 극으로 달라진다.

합리적 유권자 모델과 달리 사회-심리학적 접근법은 유권자를 합리적인 이성의 소유자로 보지 않는다. 한국 정치권에 소개된 '프레임 이론'은 이러한 유권자 속성의 일면을 보여준다. 동일한 이슈, 즉 객관적인 상황이지만 어떤 틀로 보느냐에 따라 인식이 달라진다는 것이 프레임 이론이다. 한동안 미국 대선의 큰 쟁점이었던 낙태 문제가 대표적인 예다. 낙태를 산모의 관점에서 여성의 자기결정권 문제로 제시하느냐 아니면 태아의 관점에서 소중한 생명을 빼앗는 살인의 문제로 제시하느냐에 따라 낙태에 찬성하던 이들이 반대로 돌아서거나 반대하던 이들이 찬성의 입장으로 변한 사례가 많이 보고되었다. 중요한 것은 객관적 사실이 아니라 주관적 인식이다. 또한 이는 선거 전략을 통해 유권자 인식 조작이 가능하다는 점을 시사한다.

두 얼굴의 유권자

여기 독실한 기독교인이면서 호남 출신인 유권자가 있다. 이명박 후보라는 선택지가 주어졌을 때 이 유권자 입장에서는 같은 기독교인이라는 점에서 이명박 후보에게 호감을 느낄 수 있다. 그런데 영남 출신인 이명박은 그다지 달갑지 않다. 이 유권자의 선택은 어떻게 될까?

사회-심리학적 접근법이 유권자의 선택을 설명할 때 가장 중요하게 여기는 것이 심리적 귀속감 또는 일체감이다. 이 유권자는 호남과 기독교 두 가지 가운데 더 소속감을 느끼는 쪽으로 움직이게 될 것이다. 이 맥락에서 보면 사회-심리학적 접근법은 우리가 중고등학교에서 배웠던 준거집단 이론과 그 뿌리가 같다.

이 이론에 따르면, 특정 대상에 대한 소속감이 형성되고 이것이 견고해지면 심리적 일체감으로 발전해 내가 속한 '우리 편'이라는 인식이 생긴다. 정당에 대해서도 마찬가지다. 특정 정당과 심리적 일체감이 형성되고 이는 후보 선택에 가장 중요한 요인으로 작용한다.

미국의 경우 정당 일체감을 알아보기 위해 사용되는 질문은 다음과 같다.

"대체로 당신은 스스로를 민주당 사람이라고 생각합니까, 공화당 사람이라고 생각합니까Generally speaking, do you think yourself as Democrat, Republican, or what?"

여기서 민주당(공화당) 사람이란 민주당원(공화당원)과는 다른 개념이다. 당원 여부가 아니라 심리적 일체감을 묻는 질문이다. 예를 들면 출생지가 호남이라 해서 반드시 호남에 심리적 일체감을 가지는 것은 아니다. 선거에서 중요한 것은 어떤 일체감을 따르는가다. 앞에서 예로 든 호남 기독교인의 경우 독실한 기독교인이긴 하지만 그것이 투표에는 아무 영향을 끼치지 않을 수 있다.

사회-심리학적 접근에 의하면, "나는 ○○당 사람이다"라는 인식이 경제 상황에 대한 판단, 후보에 대한 비교 평가 등 여타 요인들에 영향을 미친다. 반대로 정당에 대한 일체감은 경제 상황에 대한 판단 등에 거의 영향을 받지 않는다. 다른 것들에는 영향을 주지만 자신은 영향을 받지 않는다는 점에서 정당 일체감은 '부동의 원동자unmoved mover'라 할 수 있다.

그렇다면 한국 유권자들에게 부동의 원동자 역할을 하는 것들은 무엇일까? 첫 번째로 지역이 꼽힌다. 나는 영남 사람이다, 호남 사람이다라는 자기인식이다. 그다음으로는 자신의 이념에 대한 인식을 들 수 있다.

'나는 영남 사람이다'라는 인식이 강한 사람은 김대중에 대한 평가가 이를 중심으로 전개된다. 영남 사람으로서 호남 사람에 대해 부정적인 생각을 가지고 있다면 이것이 편견과 선입관으로 작용해 김대중에 대한 여타 정보들을 이 관점에서 평가하게 된다. 이 과정에서 사실 여부는 전혀 중요하지 않게 된다.

후보 김대중에 대한 여러 가지 정보를 제공하면, 호남이나 민주당에 일체감을 가진 유권자, 김대중을 좋아하는 유권자들은 그 가운데 긍정적인 정보만 받아들인다. 부정적인 정보는 사실이 아니라고 반론을 제기하거나 근거가 약하다고 폐기처분한다. 기존의 선입관이나 주관적인 생각과 일치하는 정보는 수용하고 그렇지 않은 정보는 배제하면서, 선입관과 편견을 더욱 강화하는 방향으로 나아간다. 이렇듯 어떤 정보를 수용하거나 배제하여 기존의 선입관이나 선호를 업데이트하는 인지 과정을 '선택적 취득selective update'이라 한다.

이것이 선거 과정에서 동일한 정보를 접해도 소위 영남 사람과 호남 사람의 반응이 정반대로 나타나는 이유다. 그리하여 막대한 자원과 인력을 쏟아붓는 선거 운동이 상대 진영 지지자를 설득하기보다는 기존의 지지자나 잠재적 지지자를 활성화하는 데 그친다는 주장은 폭넓게 받아들여졌다.

소득 수준이나 자신이 속한 계층이 아니라 지역이나 연령대별로 나타나는 특정 정당에 대한 쏠림 현상을 보면 한국의 유권자들은 합리적 이성이 아니라 정서적·심리적 요인들에 의해 투표를 행하는 듯하다. 사회-심리학적 접근 이론에 부합한다.

특정 정당에 대한 선호라는 '부동의 원동자'의 영향력은 선거 연구의 많은 부분에서 높은 설명력을 증명해왔다. 특히 유권자 개인을 분석 대상으로 한 연구에서 그러했다. 대표적인 예로, 선거 과정의 표심 변화에서 찾을 수 있는데, 이렇듯 심리학적 접근법을 취하면 유권자의 합리성을 부정하게 된다. 이미 형성된 심리적 일체감은 부동의 원동자로서 새로운 정보 등 여타 요인들의 영향을 받지 않기 때문이다. 게다가 정당 일체감은 거의 평생 지속된다. 그렇다면 선거는 해보나 마나다. 원래 민주당을 지지하던 사람들은 민주당을 더욱 지지하게 되고, 역으로 공화당 사람은 더 강력한 공화당 지지자가 된다. 대통령의 국정 운영을 판단해 잘했다면 여당, 잘못했다면 야당을 찍는 합리적 유권자는 없는 것이다.

합리적 유권자가 없다면 선거 결과는 집권 세력의 국정 운영 능력에 따라 달라지지 않는다. 영남 사람이 많으면 영남을 대표하는 정당이 이기고, 진보 성향 유권자가 많으면 진보 정당이 승리한다. 집권 세력 입장에서는 차기 대선 때문에 국정 운영을 잘해야 할 이유도 없어지게 된다. 우리 표만 잘 모으면 되는 것이다.

유권자는 변하지 않는데 선거 결과는 왜 바뀔까

사회-심리학적 접근법은 주류 이론이며 이 이론의 현실 설명력을 부정하기는 어렵다. 특히 최종 투표 결과만 놓고 볼 때 그러하다. 미국의 경우, '나는 공화당 사람이다'라고 답한 유권자의 90% 이상이 공화당 후보에게 투표한다. 민주당도 마찬가지다. 한국 대선에서도 호남 유권자의 약 90%가 진보 진영 후보에게 투표한다. 영남에서의 보수 정당 득표율은 이보다 낮게 나타나기는 하지만, 영남 출신 영남 유권자로만 국한한다면 상당히 높아질 것이다.

사회-심리학적 접근법은 개인의 투표 행태, 개인의 인지 과정 등 분석 대상이 개인적·미시적인 경우 특히 강점을 보여왔다. 대표적으로 유권자의 후보 선택에 대한 연구를 들 수 있다. 그런데 대통령 지지율에 대한 연구는 분석 대상이 개인이 아니라 이 개인들의 태도를 합산한 집합적 자료다. 선거에서 각 진영의 득표율 변화를 설명하는 연구들도 이에 속한다.

사회-심리학적 접근법에 대한 비판은 이 이론으로는 개인의 표심 변화는 잘 설명하지만 거시적인 차원에서 선거 결과의 변화를 설명하기는 어렵다는 점에 집중되었다. 대선 결과는 왜 달라지는가? 유권자 구성은 단시간에 급격히 변하지 않는다. 따라서 특정 정당의 우세는 일정 기간 동안 지속되어야 한다. 그러나 미국 대선만 봐도 공화당의 아버지 부시 이후 민주당의 클린턴이 당선되었고 이어서 다시 공화당의 아들 부시가 당선되었다. 아들 부시 다음은 민주당의 오바마다. 주류 학자들의 주장과는 달리 이러한 결과들은 경제 상황 등 객관적인 변수들에 영향을 받은 것으로 나타났다.

사회-심리학적 접근법으로 대선 결과를 설명하기 어렵다는 인식은 선거 예측 모델들의 정확성이 확인되면서 더욱 확산되었다. 선거 예측 모델들은 경제 상황, 실업률 등 객관적 지표들만으로 대선 결과를 예측하고, 이는 여론조사보다 정확하다.

개인 수준에서는 심리적 요인이 투표에 가장 중요한 영향을 미치는데, 왜 전체 선거 결과는 객관적 상황에 반응하는 것으로 나타날까? 이 문제를 풀려면 유권자 집단을 세분해야 한다는 합의가 부상했다. 즉 대부분의 유권자는 정당 일체감에 따라 움직이지만 그렇지 않은 일부 유권자가 존재하고, 이들이 선거 결과를 바꾼다는 것이다.

전체 유권자의 90%는 민주당 사람이거나 공화당 사람이고 이들은 주류 학자들이 예견한 방향으로 움직인다. 따라서 개인을 대상으로 연구하면 사회-심리학적 접근 이론에 부합하는 결과가 나온다. 그러나 나머지 10%의 유권자는 객관적 상황에 반응하면서 투표한다. 이 10%가 선거 결과를 좌우하기 때문에 대선 결과는 합리적 유권자 모델의 설명대로 나타난다.

이 10%가 부동층이자 스윙 보터swing voter다. 이들은 여러 가지 형태로 분류되고 분류 기준에 따라 다른 이름으로 불린다. 예를 들어 민주당 사람, 공화당 사람이라는 정당 일체감이 분류 기준일 때는 지지 정당이 없다는 점에서 무당파층으로 불리거나 정당으로부터 독립적이라는 의미로 독립층independent으로 명명되기도 한다. 분류 기준이 이념 성향일 때는 '중도'로 불린다.

대선,
회고인가 전망인가

정치권에 널리 퍼져 있는 선거 이론에 대한 오해 가운데 하나가 전망적 투표와 회고적 투표를 지나치게 엄격하게 구분하는 경향이다. 유권자가 후보 당선 이후의 미래 가치를 판단해 투표하면 전망적 투표prospective voting, 과거에 한 일을 판단해 투표하면 회고적 투표retrospective voting다.

　이는 합리적 유권자 모델이다. 합리적 유권자는 미래 가치를 중시할 수도 있고, 집권 세력에 대한 심판을 선택할 수도 있다. 그리고 이 둘은 서로 무관하지 않다. 과거를 심판함으로써 미래에 같은 실수를 반복하지 못하게 하는 효과를 노리는 것이기 때문이다.

　대통령의 국정 운영에 대한 비판 여론이 높을 경우 야당은 정권 심판론을 전면에 내건다. 유권자들에게 회고적 투표를 요청하는 것이다. 이에 맞서 여당은 전망적 투표를 요청한다. 국정 운영에 대한 평가를 떠나 앞으로 누가 일을 잘할 것인가를 보고 투표해달라고 호소한다. 여당의 지역일꾼론도 이 범주에 속한다. 대통령의 국정 운영 능력이 아니라 우리 지역을 위해 제대로 일할 사람을 뽑는 것이 중요하다는 소리인데 역시 미래에 방점이 찍혀 있다.

　한국 정치계에서는, 대선과 대선 사이에 치러지는 총선과 지방 선거가 중간 선거로 규정되면서 중간 선거는 정권에 대한 심판이 주가 되는 회고적 투표이며 차기 대통령으로서 국정 운영을 잘할 사람을 선택하는 대선은 전망적 투표라는 생각들이 퍼져 있다. 그러나 이론적으로 전망적 투표와 회고적 투표는 분명히 구별되는 개념이지만 현실에서 이의 구분은 그렇게 명쾌하지 않다. 총선도 전망적 투표일 수 있고 대선도 회고적 투표일 수 있다.

총선이든 대선이든 모든 선거는 전망적 투표와 회고적 투표가 혼재되어 있다. 지역일꾼론으로 돌아가보자. 대통령의 국정 운영에 대해 부정적이고 여당도 잘못하고 있다고 생각하지만, 지역발전을 위해 일을 잘할 사람을 선택해 여당 후보에 투표한 유권자는 전망적 투표를 한 것이다. 또 다른 유권자는 집권 세력을 심판하는 뜻에서 야당 후보에 투표할 수 있다. 이때는 회고적 투표를 한 것이다.

같은 선거에서도 유권자에 따라 전망적 투표를 하기도 하고 회고적 투표를 하기도 한다. 그래서 총선은 회고적 투표, 대선은 전망적 투표라고 일반화하는 것은 잘못이다. 그래도 굳이 구분하고자 한다면 이는 실증의 문제다. 즉 18대 대선이 전망적 투표였는지 회고적 투표였는지 규정하고자 한다면, 보다 많은 유권자가 어떤 기준으로 투표했는지 실제로 검증해야 한다. 또한 같은 대선이라도 17대 대선은 회고적 투표의 성격이 강했을 수 있고, 19대 대선은 전망적 투표의 성격이 강한 선거가 될 수도 있다. 따라서 이번 대선이 회고적 투표였다고 해서 다음 대선도 회고적일 것이라고 예측하는 것은 무리다.

회고적 투표와 전망적 투표가 명확히 구분되지 않는 또 다른 이유가 있다. 우리는 앞으로 누가 잘할지, 어느 후보가 당선되는 것이 내게 이득이 될지 어떻게 판단할 수 있는가?

신입사원을 뽑는 기업의 인사담당자 입장이 되어보면 이해하기 쉽다. 당신이라면 어떤 신입사원을 뽑겠는가? 그전에 무얼 했는가보다는 입사하면 일을 잘할 사람인가를 볼 것이다. 그런데 누가 일을 잘할 사람인지를 어떻게 알 수 있는가? 즉 선발의 구체적인 기준은 무엇인가? 입사 지원자들의 과거의 성취, 이를테면 출신 대학이나 학점, 인턴 경력이나 어학연수 경험 등이 기준이 되는 경우가 많다. 입사시험을 치르는 경우도 마찬가지다. 시험 성적이 좋은 것은 과거에 열심히 했다는 증거이지 앞으로 잘하리라는 보증수표일 수는 없다. 그럼에도 불구하고 우리는 과거를 잣대로 미래를 판단한다. 미래 가치의 판단 기준은 대개 과거의 업적이나 성취다.

따라서 전망적 투표와 회고적 투표는 현실에서 명확히 분리되지 않는다. 유권자는 '회고'를 통해 '전망'을 하는 종합적인 사고를 하는 것이다.

그런데 한국에서는, 독선적 국정운영을 해서는 정권 재창출이 어렵다는 비판에 조자룡이 헌 칼 쓰듯 집권 세력이 전망적 투표 이론을 이용한다.

"다음 대선은 그때의 후보 구도에 따라 달라지고, 유권자들은 국정 운영을 잘할 대통령을 뽑지 지난 정권이 잘못했다고 좋은 후보를 안 찍지는 않는다. 대선은 전망적 투표다."

그러나 한 선거에서 전망적 투표의 성격이 강하게 나타나는 데는 전제가 있다. 과거에 대한 평가가 부정과 긍정 사이에서 엇비슷해야 한다. 가령 어떤 사람이 새로운 사업을 하겠다고 당신에게 투자를 요청했다고 하자. 투자 여부를 결정하기 위해 미래 가치에 대한 판단을 내려야 하고, 이를 판단하기 위해 그 사람의 과거를 볼 것이다. 과거 유사한 업종에서 성공한 경험이 있는지, 신뢰할 만한 사람인지 알아본다. 과거에 대한 판단에 의존해 미래의 전망을 보는 것이다.

투자 여부를 심각하게 고민하는 경우는 과거에 대한 판단을 내리기 쉽지 않은 상황에서 발생한다. 투표도 마찬가지다. 진보 진영이 과거에 한 일이 매우 마음에 들거나 매우 마음에 들지 않으면 여기서 결정난다. 미래 가치를 고민하지도 않는다. 어중간한 경우에만 이를 고민한다.

이러한 관점에서 판단하면, 17대와 18대 대선은 회고적 투표가 지배하는 선거였을 가능성이 매우 높다. 당시 진보 집권 세력에 대한 국민들의 평가는 매우 부정적이었다. 2012년 보수 집권 세력에 대한 평가도 부정적이었다. 직전 대선 대비 진영별 득표율 변화를 보면 회고적 투표였을 가능성이 높다는 주장이 설득력 있다. 따라서 대선이 반드시 전망적 투표인 것은 아니다. 실증적 근거도 없을 뿐 아니라 전망적 투표 이론을 잘못 이해한 주장일 뿐이다.

투표율이 높으면 어느 쪽에 유리할까

선거에서 유권자는 투표에 참여할 것인가 말 것인가, 참여한다면 어느 후보에게 투표할 것인가를 선택해야 한다. 그리고 이 두 개의 선택을 처리하는 과정은 유권자마다 다르다. 1단계에서 투표 참여 여부를 결정하고 2단계에서 누구에게 투표할지 결정하는 유권자들이 있다. 1단계의 선택지는 언제나 두 개지만 2단계의 선택지는 출마한 후보 수에 따라 달라진다. 여기서는 논의의 편의를 위해 보수와 진보 두 후보만 있다고 가정하자.

다른 한편에는 1단계와 2단계를 한 번에 처리하는 유권자들이 있다. 하나의 질문, 세 개의 선택지다. 1) 보수 후보에게 투표한다. 2) 진보 후보에게 투표한다. 3) 기권한다.

이처럼 한 가지 선택으로 처리하거나 투표 여부는 고민 대상이 되지 않는 경우(항상 투표하러 가는 습관성 투표자, 항상 투표하지 않는 항상 기권자)도 있다. 그러나 원래 투표에 관련된 선택은 투표할지 말지, 누구에게 투표할지 두 가지다.

선거 연구도 이 두 가지를 별도로 연구해왔다. 특히 후자에 대한 연구는 많은 성과를 보였다. A라는 유권자가 보수 후보에게 투표할지 진보 후보에게 투표할지에 대해서는 상당한 정확성을 가지고 예측하는 모델과 이론들이 많다. 진보 후보를 찍은 유권자들은 누구인가, 보수 진영은 어디서 어떻게 표를 얻었는가에 대해서는 많은 진척이 있었다.

한국의 경우, 젊은층과 호남 지역에서 민주당 표가 많이 나온다. 진보 성향 유권자는 민주당을 찍을 가능성이 많다. 대통령의 국정 운영을 부정적으로 평가하는 유권자는 야당을 찍을 확률이 높다. 경제 상황이 나쁘다고 생각하면 야당에 한 표를 던질 것이다. 이러한 변수들을 넣어 특정 유권자가 어느 당에 투표할지 80% 이상의 정확성을 가지고 예측한다. 미국 대선의 경우 90% 이상의 정확성을 보이는 통계 모델들도 많다.

이와는 달리 투표 참여 여부를 예측하는 모델들은 아직 많이 발전하지 못했다. 호남 사람 가운데에 누가 투표하러 가고 누가 투표하러 가지 않을까? 젊은층에서 투표하러 가는 사람은 누구이고, 가지 않는 사람과는 어떠한 차이가 있는가? 90% 이상의 예측력을 보이는 후보 선택 모델과 달리, 투표 참여 모델들은 60~70% 정도의 정확성만을 보여주고 있다. 투표 참여 여부는 둘 중 하나, 눈 감고 찍어도 50%의 정확성이기 때문에 60~70%의 정확성은 그다지 인상적이지는 않다. 물론 투표 참여와 직결된 좀 더 발전되고 세분화된 질문들을 사용한다면 이 확률을 높일 수는 있다. 예를 들면 반드시 투표하러 가야 하는 것이 국민의 의무라고 생각하는지, 한 번 한 약속은 어기지 말아야 한다고 생각하는지 등의 질문을 사용해 모델을 구축할 수 있을 것이다.

다른 방식으로 접근해서 누구에게 투표할까라는 질문과 연결해 설명하는 학자들도 있다. 이를테면 민주당을 매우 좋아하고 공화당을 매우 싫어하는 유권자, 또는 그 정반대의 유권자는 투표하러 갈 가능성이 높다. 그러나 둘 다 좋아하지 않으면서 어떤 정당이 집권하든 마찬가지라고 생각하는 유권자는 기권할 가능성이 높다.

유권자가 누구를 선택할지는 상당히 정확하게 예측하면서 투표 참여 여부를 예측하는 것은 왜 어려운가? 이것이 학자들 사이에서 '투표율 미스터리'로 불려온 풀리지 않는 수수께끼였다.

한편, 조금 다른 의미로 한국에서만 존재하는 미스터리도 있다. 하나는 선거 결과가 나오면 매번 '이변'이라고 말한다는 것이다. '예상 밖의 대이변' 같은 용어들이 선거 다음 날 신문 1면을 장식하는 것을 보면 예측이 틀려도 크게 틀렸던 모양이다. 틀린 예측을 변명이라도 하려는 듯 그때마다 '분노한 민심을 잘못 읽었다' '선거 막판 엄청난 바람이 불었다'는 후속 기사가 뒤따른다.

또 다른 미스터리는 매번 투표율과 선거 결과를 연계시키는 보도들이 반복된다는 사실이다. 18대 대선에서도 어김없이 등장했다.

"투표율이 높으면 젊은층의 참여율이 높은 것이므로 민주통합당이 승리할 가능성이 크다."

새누리당과 새정치민주연합 가운데 하나가 승리하기 때문에 눈 감고 찍어도 확률은 반반이다. 그럼에도 불구하고 정답을 피해 오답의 징검다리만 밟고 다닌다. 이 역시 미스터리다.

어차피 반반이기 때문에 투표율을 근거로 선거 결과를 전망하는 것은 별반 도움이 되지 않을뿐더러 오보의 가능성 또한 반반인데도 선거 때만 되면 어김없이 다시 등장한다.

이런 한국만의 미스터리는 우리의 정치 분석이 제자리걸음을 하고 있다는 반증이다. 검증되지 않은 가설이 사실인 것처럼 통용되다보니 매번 선거 결과와 안 맞고, 그래서 어쩔 수 없이 생기는 인위적 미스터리인 것이다.

과연 투표율이 높으면 진보 진영에 유리할까? 젊은층의 투표율이 높았다면 문재인 후보가 당선되었을까? 그동안 투표율이 높으면 진보 진영이 승리하고, 낮으면 보수 진영이 승리했는가?

2012년 18대 대선의 투표율은 75.8%로 상당히 높았던 반면, 2010년에 치러진 지방 선거는 54.9%에 불과했다. 결과는 어떻게 되었는가? 당시 여당이었던 한나라당의 완패였다. 광역단체장 16곳 가운데 6곳, 228개 기초단체장 중 82개 지역에서 당선되는 데 그쳤고, 민주당은 92개를 획득했다.

광역단체장이나 기초단체장은 후보 개인의 인물 변수가 영향을 줄 수 있으므로 기본적 판세를 볼 수 있는 정당비례대표 득표율을 살펴보자. 민심의 바로미터라고 하는 수도권만 살펴보면, 서울에서 한나라당은 광역비례대표 선거에서 41.4% 득표에 그쳤다. 민주당도 한나라당과 유사한 41%였지만 민주노동당, 진보당 등 진보 진영 정당의 득표율을 합치면 53.7%로 한나라당을 압도했다. 보수 진영의 자유선진당은 4.8%였다. 즉 보수 46%, 진보 54%였다. 경기와 인천도 대동소이했다.

2010년 지방 선거에서 20~30대 젊은층의 투표율은 44%로 평균 54.9%보다 10% 이상 낮았다. 2년 후 18대 대선에서는 70%에 근접해 평균 75.8%보다 5~6% 정도 낮았다. 투표율이 높으면 젊은층의 참여율이 높은 것이라는 주장에 들어맞는다. 그러나 투표율이 낮았던 지방 선거에서 진보 진영은 54 대 46으로 보수 진영을 상당히 앞섰다. 반면 투표율이 높았던 대선에서는 51.6 대 48로 뒤졌다.

높은 투표율에도 진보 진영이 승리하지 못한 경우나 낮은 투표율에도 보수 진영이 승리한 사례는 이외에도 무수히 많다.

'젊은층에서 진보 진영 지지율이 높으니 젊은층의 투표율이 올라가면 문재인이 승리할 수 있다.' 일견 그럴듯해 보인다. 그래서 진보 진영에서는 20~30대의 투표 참여를 독려한다고 법석을 떨었다. 그리고 투표율은 75.8%로 언론의 일반적 예상보다 높게, 최근 세 차례 대선 중에서 가장 높게 나왔다. 하지만 뚜껑을 열어보니 문재인의 패배였다. 그러자 선거 결과를 해석하는 언론의 논조가 하루아침에 바뀌었다. 패배한 진보 진영도 은연중에 맞장구를 치고 나왔다. 보수 지지자가 많이 나와서 박근혜가 승리한 것이란다. 그래서 나온 해석이 보수 대결집이다.

이 투표율 괴담이 사실이라면, 선거 예측은 정말 쉬워진다. 투표율이 높았던 대선에서 보수 진영이 승리했다. 이후 치러질 총선과 지방 선거는 아무리 높아도 대선 투표율을 넘지 못할 것이다. 따라서 보수 진영이 압승할 것이다.

수도 없이 실패로 판명이 났음에도 불구하고 이 투표율 괴담은 여름이면 반복되는 납량 특집처럼 선거 때마다 등장한다. 모든 괴담은 항상 뒤끝이 있다. 죽은 줄 알았던 연쇄살인범이 실은 살아 있음을 암시하면서 영화가 끝나듯이 투표율 괴담도 뒤끝이 있다. 거기서 끝나지 않는다. 진보 진영 패배의 책임이 기권한 젊은층 유권자에게 돌아간다. 20~30대의 투표율이 높았다면 승리할 수 있었다며 그들을 비난한다. 이어서 투표는 민주 시

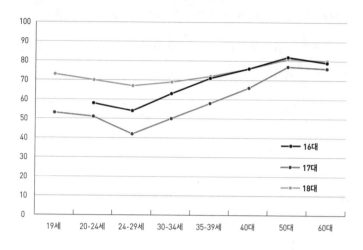

역대 대선 연령대별 투표율

	전체	60대 이상	50대	40대	30대 후반	30대 전반	20대 후반	20대 전반	19세
18대 대선	75.8	80.9	82.0	75.6	72.3	67.7	65.7	71.1	74.0
17대 대선	63.0	76.3	76.6	66.3	58.5	51.3	42.9	51.1	54.2
16대 대선	70.8	78.7	83.7	76.3	70.8	64.3	55.2	57.9	

민의 신성한 권리이자 의무라는 준엄한 비판이 이어진다.

정말 그럴까? 20~30대 투표율이 낮아서 문재인이 진 것일까? 젊은층 투표율이 높았다면 문재인이 당선되었을까? 18대 대선 투표율은 상당히 높았다. 도대체 어느 정도 더 높았어야 이길 수 있었을까?

18대 대선 때 50대의 투표율은 17대 대선에 비해 5% 상승했다. 반면 20대는 20% 이상 급상승했다. 50~60대의 투표율은 80% 남짓이었고 20~30대는 70%에 가까웠다. 16대 대선에서는 전체 투표율도 더 낮았고, 2030 젊은층과 5060 고연령층의 투표율 격차도 더 컸다. 그럼에도 불구하고 진보가 승리했다.

만약 18대 대선에서 젊은층이 10% 더 투표했다면, 그래서 5060 투표율인 80%에 가까웠다면 문재인이 이겼을까? 현재 2030 젊은층이 전체 유권자에서 차지하는 비중은 40% 정도다. 이 40%에서 10%의 투표율 증가라면 전체 투표율은 약 4% 상승한다. 2030에서 문재인 후보의 득표율은 66%, 박근혜 후보는 34%였으므로 양자 간 격차는 32%이다. 늘어난 유권자 4%에서 문재인이 박근혜에 비해 32% 더 득표하게 되는 것이다. 전체 유효 투표 수로 환산하면, 문재인은 40만 표 정도를 더 얻게 된다.

박근혜와 문재인 후보의 표 차이는 108만이었다. 20~30대 투표율이 5060과 같은 80%에 근접한다 해도, 승부를 뒤집지 못한다. 사실 50~60대가 기록하고 있는 투표율 80%는 상한선이라 할 수 있을 만큼 높은 것이다. 70%에 가까운 20~30대의 투표율도 이미 상당히 높은 수준이다. 최근 대선들 가운데서는 가장 높다. 여기서 10%를 더 늘리기는 쉽지 않을뿐더러 승부를 뒤집지도 못한다.

2030 투표율이 95% 이상 되었어야 승부가 바뀌었을 것이다. 문재인 후보가 이기기 어려운 선거였다는 점을 주장하고자

하는 것이 아니다. 특정 연령대나 특정 지역에서의 선전만으로 대세를 뒤집는다는 게 얼마나 어려운지를 강조하려는 것이다.

40대에서는 평균이고, 50~60대에서는 불리하고, 20~30대에서는 유리한데, 20~30대가 전체 유권자의 40% 정도를 차지하니 이들이 투표장에 좀 더 나오면 이길 수 있다는 착각을 하기 쉽다. 그러나 특정 연령대나 특정 지역에서 선전한다고 해도 결과는 크게 달라지지 않는다.

투표율 관련한 논의가 나온 김에 마지막으로 이 부분을 분명하게 정리할 필요가 있다. 2030의 투표율이 높았다면 문재인이 승리했을 것이라는 주장의 전제는, 기권한 그 연령대 유권자가 투표에 참여한다면 모두 문재인을 찍는다는 것이다. 즉 기권한 이들에서도 문재인과 박근혜의 득표율이 66 대 34의 비율로 나온다라고 보는 것이다. 이 전제는 잘못된 것이다.

왜 어떤 유권자들은 투표권을 포기하는가? 왜 투표장에 나오지 않는가? 지지하는 후보가 없거나 있더라도 굳이 투표하러 가서 한 표를 줄 만큼 지지하는 것은 아니기 때문이다.

기권 역시 선택이다. 참여하지 않겠다는 선택을 한 유권자들이 투표에 참여했다면 자신을 찍었을 것이라고 생각하는 것은 그래서 착각이다.

06

진영 결집론의
진실

**우리 편만
잘 붙들어두면 된다?**

대통령 선거에서 2등은 의미가 없다. 선거 이론도 마찬가지다. 일
정 부분은 맞지만 나머지 더 큰 부분을 잘못 설명하는 이론은
의미가 없다. 득보다 실이 더 크다. 우리 속담에 선무당이 사람
잡는다고 했다. 아예 말이 안 되면 누구도 거들떠보지도 않을 텐
데, 언뜻 보면 그럴듯하고, 가끔은 족집게처럼 맞히기도 하니 선
무당에게 당하는 것이다.

　한국 대선 과정에도 선무당이 사람 잡는 것 같은 이론과 전
략들이 난무한다. 어떤 이론이든 이에 부합하는 실제 사례가 존
재한다. 사례의 규모가 작은 이론들도 있지만, 과반수 이상 유권
자의 투표 행태를 설명하는 이론들도 있다. 그래서 선무당이다.

어떤 경우에 맞는다고 다른 경우에도 적용하려 하거나, 일부에 맞는다고 전체로 확대 해석할 때 문제가 생긴다. 이론 자체가 아니라 이의 부적절한 적용 또는 지나친 일반화의 오류가 문제다.

한국 정치에서 가장 유행하는 진영론 역시 이 오류에서 예외일 수 없다. 진영론은 유권자를 보수 대 진보 또는 새누리당 대 새정치민주연합 지지자로 양분한다. 이 양분된 유권자 가운데 '우리 편'을 더 많이 결집시킨 진영이 선거에 승리한다는 것이 진영론의 핵심적인 주장이다.

이 주장의 근거는 무엇일까? 우리 편, 즉 집토끼를 결집시키기는 쉽지만 상대 진영에 속한 유권자, 즉 산토끼를 설득하기는 어렵기 때문이다. 선택적 취득 이론으로 돌아가보자. 유권자들에게는 정당이나 이념 진영에 대한 심리적 일체감이 있고, 이는 선입관으로 작용해 선택적으로 정보를 받아들인다. 그래서 상대편 유권자를 설득하기는 매우 어렵다. 따라서 우리 편을 잘 결집시키는 것이 필승의 비법이다. 사회-심리학적 접근법의 결론이 진영론의 핵심적 주장으로 이어지는 것이다.

이러한 진영 결집론은 선거 전략에만 국한되지 않는다. '영구 선거 운동Permanent campaign'이라는 이론이 있다. '항상 선거 운동을 한다는 생각으로 정치를 하라'는 것이다.

원래는 평소에도 선거 때처럼 유권자에게 잘해야 한다는 좋은 취지였다. 하지만 취지가 좋다고 그 쓰임까지 항상 좋은 것은 아니다. 선한 사람과 악한 사람이 따로 있는 것이 아니라 어떤 환경에서 누구를 만나느냐에 따라 달라지는 것과 마찬가지다. 이론 A는 원래 잘못된 이론이 아니었지만 이론 B와 결합해 탄생한 이론 A+B의 주장은 잘못된 것일 수 있다.

영구 선거 운동론은 국정 운영도 선거처럼 해야 한다고 충고한다. 사회-심리학적 접근으로 유권자를 이해하는 이들은 이 충고를 충실히 따르기 위해 우리 편을 결집시키는 국정 운영을 하려 든다. 영구 선거 운동론이 선거 이론인 진영 결집론과 결합하면서 국정 운영의 진영론으로 확대, 발전하는 것이다.

국민을 우리 편, 상대 편으로 가른 다음 우리 진영의 논리로 국정 운영을 밀고 간다. 일방적·독선적 국정 운영이다. 대통령만 이 진영 논리의 포로가 되는 것은 아니다. 국회의원은 물론 정치권 밖의 시민사회, 학계와 언론계의 보수·진보 인사들 모두 이러한 진영 논리에서 벗어나지 못한다. 이제 일상적인 국정 운영도 진영 대결의 장이 된다. 진영 논리에 기반한 극단적인 진영 대결의 장, 이처럼 대한민국의 정치를 제대로 요약하는 말도 없을 것이다.

반면 합리적 유권자 모델, 그 가운데서도 키의 정권 심판론을 수용하는 이들이 영구 선거 운동론을 따른다면 어떤 국정 운영을 할까. 이들은 생각할 것이다.

'유권자들은 합리적이다. 선거 때만 잘해서 될 일이 아니라

평소 국정 운영을 잘해야 한다. 최소한 중도층의 지지를 받는 통합적 국정 운영을 해야 한다.'

이것이 영구 선거 운동론을 주장한 학자들의 본래 취지다.

이 책에서는 1) 사회-심리학적 접근법에 이론적 뿌리를 두고 있는 선거 이론으로서의 진영 결집론 2) 영구 선거 운동론과 결합해 생긴 국정 운영에서의 진영론을 모두 포함하여 진영 결집론을 논의한다. 국정 운영까지 포함할 때는 진영론, 선거 운동에서는 진영 결집론으로 보는 것이 적절하지만 큰 차이가 없으므로 혼용해도 무방하다.

지금까지 논의한 진영론의 핵심적 주장은 세 가지로 요약된다. 첫째, 전체 유권자는 이념 성향에 따라 진보와 보수로 양분된다. 둘째, 진보 성향 유권자는 진보 진영 후보, 보수 성향 유권자는 보수 후보에게 투표한다. 진보 성향 유권자가 보수 진영 후보에게 투표하거나 그 역의 경우는 가능성이 매우 낮다. 셋째, 상대 진영에 속한 유권자가 우리 후보를 지지할 가능성은 매우 낮으므로, 우리 진영 유권자를 더 많이 결집시키는 쪽이 선거에 승리한다.

둘째와 셋째 주장에 대해서는 진영론자들 사이에 이견이 없다. 그러나 첫 번째 주장에 대해서는 일부 의견을 달리하는 진영론자들이 있다. 이들은 유권자를 진보와 보수로 양분할 필요는 없다고 주장한다. 즉 중도 유권자의 존재를 인정한다. 그러나 이

진영론의 명제

1 전체 유권자는 진보와 보수로 나뉜다.

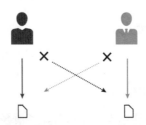

2 유권자는 같은 성향의 후보에게 투표하며, 다른 성향의 후보에게 투표하지 않는다.

3 결국 자신의 진영을 많이 결집시키는 쪽이 승리한다.

들이 선거 결과에 미치는 영향력은 거의 없다고 본다는 점에서는 여전히 진영론의 틀 안에 있다.

진영론에서는 중도 유권자의 영향력을 인정하지 않거나 과소평가하기 때문에 양 진영에 속한 유권자만 중시한다. 곧 중도무용론이다. 중도 무용론은 두 가지 주장으로 정리될 수 있다. 첫째, 중도 유권자의 대부분은 정치에 관심이 적은 무당파층으로, 선거에 기권할 가능성이 높다. 둘째, 이들이 투표에 참여한다 해도 득표 수는 진보와 보수 양 진영으로 비슷한 비율로 갈리기 때문에 승패에는 영향을 주지 않는다.

이러한 주장들이 진영론의 핵심이기 때문에 이를 전제로 선거 결과를 설명하는 이론들은 모두 진영론으로 분류될 수 있다. 이론적 뿌리가 이와 유사한 여타 이론도 진영론에 속한다고 할 수 있다.

귤이 회수를 건너면 탱자가 된다

유독 한국 정치권에서 진영론이 득세하고 있는 현상은 특이하다. 한국의 많은 정치인과 선거 전문가들이 자기 진영 유권자를 잘 결집시키는 쪽이 선거에서 승리한다고 주장한다. 한국의 진영론은 사회-심리학적 접근법의 변형된 한국 버전이다. 대부분의 주요한 쟁점에서 사회-심리학적 접근법의 입장을 취한다는 점에서 그렇다. 한국에 번역된 단행본 형태의 선거 연구 성과들도 거의 사회-심리학적 접근법을 취하고 있고, 이 가운데 조금이라도 대중적 인기를 얻었던 책들은 모두가 그렇다. 이러한 쏠림 현상은 어쩌면 정치권이 유권자를 어떻게 생각하는지에 대한 무의식적 발로인지도 모른다. 유권자를 조작 가능하고, 비합리적인 대상으로 인식하는 것이다. 정치인들 스스로 자신들을 유권자의 대표자로 생각하지 않고, 유권자를 자신의 지지자로 받아들이기 때문에 특히 진영론이 인기 있는 것이다.

그러나 본고장인 미국에서도 사회-심리학적 접근법으로 거시적·집합적인 선거 결과를 제대로 설명할 수 있는가에 대해서는 회의적인 학자들이 적지 않다. 그래서 개인적·미시적 수준에서는 사회-심리학적 접근법이, 거시적·집합적 수준에서는 합리적 유권자 모델이 대세를 형성하고 있다. 애초에 심리학적 접근법에 대한 반격도 대선 결과의 변화 등 거시적 자료에 바탕을 두고 시작된 것이었다.

따라서 한국의 대선 결과를 진영론만으로 설명하는 것은 잘못이다. 더군다나 진영론이 뿌리를 두고 있는 사회-심리학적 접근법은 정당에서 일체감이 형성된 유권자들의 존재를 전제한다. 그런데 한국에서 정치에 대한 국민들의 불신은 미국이나 유럽 등 여타 국가들에 비해 상당히 높다. 물론 모든 나라에서 정치를 신뢰하는 국민의 비율은 높지 않다. 이를 감안한다 해도 한국에서 정치 불신의 정도가 더 높은 것은 사실이다.

아직 이에 대한 학술적 연구가 본격화되지 않은 상태에서 단정적으로 주장할 수는 없지만, 정치를 불신하는 국민이 많다는 것은 미국과 달리 정당 일체감을 지닌 국민이 적다는 사실만으로도 유추할 수 있다. 따라서 이를 전제로 하는 사회-심리학적 접근법의 현실 설명력은 재검토되어야 한다.

유권자의 이념 성향에 대해서도 마찬가지다. 한국은 정치 지형이 급변하는 나라다. 민주화도 급속히 진행되었고 이념 지형에 대한 본격적인 논의가 시작된 지도 오래되지 않았다. 한국 전쟁을 겪으면서 이념 자체에 대한 거부감이 널리 퍼져 있는 것도 사실이다.

그럼에도 불구하고 진영론이 득세하고 있다. 박근혜의 승리의 이유를 보수 유권자 결집에서 찾고, 투표율이 높으면 진보가, 낮으면 보수가 승리한다고 주장한다. 보수 성향 유권자가 많기 때문에 한국 정치 지형은 애당초 진보 진영에 불리하게 기울어진 운동장이라는 주장도 진영론에 속한다.

동어반복에 불과한 진영론이 정치권과 언론계에서 인기가 많은 이유는 무엇일까? 우선 논리 체계가 단순하기 때문이다. 단순하고 쉬운 이론은 이해하기도 쉽고 설명하기도 쉽다.

그런데 진영론이 쉽고 단순한 이유는 동어반복이기 때문이다. 사실 이처럼 쉬운 것도 없다. 한국이 일본과의 축구 경기에서 승리한 이유를 '한국이 잘했기 때문'이라고 설명하는 것과 같다. 이처럼 쉽고 단순한 논리가 또 있을까.

분류법 또한 단순하다. 모든 이론은 복잡한 현실을 설명하기 위해 연구 대상을 단순화한다. 그리고 그 출발점은 대상을 분류하는 것이다. 진영론에서 유권자는 진보 아니면 보수다.

이분법은 논리를 단순하고 간명하게 하는 최적의 조건을 만든다. 그러나 지나친 단순화는 현실 왜곡을 초래한다. 보수와 진보로 양분되지 않는 또 다른 집단이 존재하고, 이들이 선거 결과를 좌우한다면 양분법은 심각한 오류에 빠질 수밖에 없다. 단순화는 불가피하지만, 이론의 현실 설명력을 지나치게 훼손하지 않는 정도여야 한다. 이런 점에서 진영론의 단순화는 '나가도 너무 나간' 것이다.

이같은 논리 체계의 단순함이 진영론의 인기 비결이지만 이것으로 그 인기를 모두 설명할 수 있는 것은 아니다. 반짝하고 나타났다 사라지는 것이 아니라 많은 이들이 오랫동안 좋아하는 스타가 되는 데는 운 외에 또 다른 이유가 필요하다. 이를 뒷받침하는 내공, 즉 실력이 있어야 한다.

이론도 마찬가지다. 진영론의 오랜 인기는 논리의 단순성 외에 또 다른 내공이 있다는 점을 반증한다. 진영론의 내공은 현실 설명력이다. 진영론의 이론적 뿌리인 사회-심리학적 접근법이 미국에서는 주류 학설로 여겨질 만큼 현실의 어떤 측면을 매우 잘 설명하고 있기 때문이다.

그러나 바로 이 지점에서 이 이론의 문제점이 드러나고 한계도 분명해진다. 앞에서 살펴본 것처럼, 사회-심리학적 접근법은 기본적으로 유권자 개개인에 대한 분석일 때 효과적이다. 그러나 개인의 집합적 성격을 띠는 선거 결과 예측에는 효율적이지 않다. 가장 큰 원인은 모든 유권자가 정당과 심리적 일체감을 가지고 있는 것은 아니기 때문이다. 만약 특정 정당에 대한 심리적 일체감이 형성되지 않았다면, 혹은 자신을 보수도 진보도 아닌 중도라고 생각하는 유권자가 있다면, 어떻게 될까. 물론 특정 정당에 대한 심리적 일체감을 가진 유권자가 더 많다. 새정치민주연합을 지지하는 많은 호남 유권자들이 그러하고, 새누리당을 지지하는 영남 유권자들도 마찬가지다. 진보 또는 보수 성향 유권자들도 다르지 않다. 진영론의 높은 현실 설명력은 여기서 나온다. 문제는 그렇지 않은 유권자들이 존재할 때, 더 나아가 그런 유권자들이 진영론이 가정하는 것보다 훨씬 많을 때 발생한다.

진보 40%, 보수 40%, 중도 20%의 유권자 구성을 가정해보자. 진보와 보수 유권자는 진영론이 주장하는 바대로 자기 진영 후보를 선택했다. 그러나 결과는 여전히 40 대 40, 동률이다. 최종 결과는 나머지 20%인 중도 유권자에 의해 결정된다. 진보와 보수가 각각 49%, 중도가 2%에 불과하다 해도 마찬가지다. 더 극단적으로는 유권자 3,001명 가운데 1명만 중도 유권자이고 진보와 보수가 똑같이 1,500명씩 지지자를 가지고 있다 해도 결과는 마찬가지다.

전체 유권자 가운데 단 1명만 중도 성향이어도 보수, 진보 유권자는 승패를 가르지 못한다. 이런 상황에서는 대선 결과를 예측하는 데 진영론은 무용지물이 된다. 물론 1명을 제외한 나머지 유권자 전체를 설명할 수 있으므로 현실 설명력은 매우 높다. 이것이 진영론의 역설이다. 현실 설명력은 타의 추종을 불허

할 만큼 높지만 대선 결과를 예측하는 데는 아무 소용이 없다.

여기서 유권자를 보수와 진보로만 나누는 이분법의 문제가 드러난다. 현실을 단순화하는 것이 불가피하다 하더라도 이로 인해 사실을 심각하게 왜곡하거나 결과 예측이 어긋날 가능성이 높아진다면, 현실을 설명하기 위한 이론이 아니라 이론에 현실을 우겨넣는 것밖에 되지 않는다.

진영론과 중도,
둘 중 하나는 존재하지 않는다

진영론은 이념 성향이 강한 유권자들의 표심을 가장 잘 설명하는 이론이다. 그러나 그렇지 않은 유권자, 중도 성향 유권자의 표심을 설명하는 데는 무기력하다. 일부 진영론자들은 자신들의 이분법이 지나치다는 것을 인지하면서 보수나 진보로 분류될 수 없는 중도 성향 유권자의 존재를 인정하지만 선거에 미치는 영향력은 낮게 평가한다.

이러한 '중도 무용론'의 근거는 세 가지 가운데 하나다.

첫째, 중도 유권자의 비중 자체가 선거 결과에 영향을 줄 만큼 높지 않다. 둘째, 중도층이 일정 규모의 비율을 점하기는 하지만 무당파층처럼 대부분 선거에 참여하지 않기 때문에 영향력이 제한된다. 셋째, 일정 규모 이상 존재하고 투표에도 참여하지만, 거의 같은 비율로 보수와 진보 양 진영으로 갈라지기 때문에 역시 선거 결과에 영향을 미치지 않는다.

이 세가지 가운데 마지막 주장이 가장 근거가 약한 주장인데, 뒤에서 별도로 논의하겠다. 여기서는 첫 번째 주장, 즉 중도 성향 유권자의 비중에 대해 다뤄보자.

진영론은 모든 유권자를 진보 아니면 보수로 양분한다. 팔레스타인이나 이스라엘 등 극단적인 종교 간 갈등을 겪고 있는 나라라면 이러한 양분이 더 유효할 수 있다. 친이슬람과 반이슬람만으로 나눈다 해도 별 문제 될 게 없다.

중요한 것은 논리가 그럴듯한가가 아니라 사실이 그러한가다. 유권자의 이념 성향을 분류하는 방식은 크게 세 가지가 있다. 하나는 유권자의 자기 인식에 따른 분류다. 유권자에게 진보인지 보수인지 혹은 중도인지 직접 묻는 것이다.

두 번째는 직접 묻는 것이 아니라 이념과 직결된 다른 질문들에 대한 응답을 기준으로 분류하는 방식이다. 예를 들어 복지와 재정 건전성 가운데 어느 쪽을 중시하는지를 묻는다.

세 번째는 유권자의 행위를 기준으로 삼는 방식이다. 유권자가 그동안 어느 진영에 주로 투표했는가를 보고 이념 성향을 분류하는 것이다. 만약 상당한 일관성을 갖고 진보 진영 후보에게 투표해왔다면 진보, 보수 진영 후보에게 투표했다면 보수, 상황에 따라 지지하는 진영이 달랐다면 중도로 분류한다. 유권자

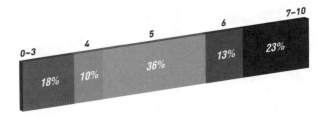

이념 성향에 대한 유권자의 자기 인식

한국리서치에서 2008년 11월에서 실시한 자체 조사 결과

의 생각과 행위에는 괴리가 존재할 수 있기 때문에 이 방식을 쓰
는데, 자신은 진보 성향이라고 하면서도 새누리당에 투표한 경
우가 더 많거나 선거에 따라 지지하는 정당이 비슷한 비율로 달
라졌다면, 진보 성향으로 분류하기 어렵다.

우선 첫 번째 방식으로 분류했을 때 중도 성향 유권자는 어
느 정도의 비중을 차지하고 있는지 살펴보자. 위의 표는 "매우
진보를 0, 중도를 5, 매우 보수를 10이라 할 때, 선생님 자신의
이념 성향은 어디에 가깝다고 보십니까? 0에서 10 사이로 말씀
해주십시오"라는 질문을 사용한 한국리서치의 2008년 조사 결
과다.

응답자는 자신이 스스로 생각하는 이념 성향을 위 기준을
적용하여 응답하는데, 이는 그 사례 중 하나다. 4까지 진보에 포
함시킬 경우 이 조사에서는 전체 응답자의 28%가 진보로 분류
되고 6까지 보수로 볼 경우 보수는 36%가 된다. 논란의 여지가

있는 4와 6을 제외하더라도 5라고 응답하는 중도 유권자의 비중이 36%에 달한다.

조사에 따라 5라고 응답하는 비율이 25%까지 줄거나 45%까지 늘기도 하지만, 이 조사 결과가 최근 5년 동안의 평균치라 할 수 있다. 진보·보수·중도 세 가지 선택지를 두고 선택하도록 하는 방식의 조사들 역시 약 1:1:1의 평균치를 보인다.

이 결과들에 따르면 진영론의 이분법은 한국 유권자의 이념 성향 분포에 맞지 않다. 어떤 방식의 조사든 자신을 중도라고 답하는 유권자는 평균 3분의 1을 넘는다. 최소한 4명 가운데 1명, 25%다. 10점 척도 분류에서 보이듯이 자신을 정중앙에 위치한 5라고 분명하게 응답하는 경우가 30%를 넘는데도, 이를 무시하고 유권자를 진보와 보수만으로 양분하는 것은 이후 분석 과정에서 치명적인 오류로 이어질 수밖에 없다.

이제 투표 행위에 근거한 분류 방식을 따라보자. 이 방식에서 관건은 일관성이다. 몇 차례 선거에서 계속 진보 진영 후보에게 투표하면 진보 성향 유권자, 보수 진영 후보에게 계속 투표하면 보수 성향 유권자로 분류한다.

진영론자들은 16대 대선에서 승리했던 진보 진영이 17대 대선에 참패하자 진보 성향 유권자의 이탈로 이를 설명했다. 16대 대선에서 노무현, 권영길 후보를 지지한 유권자는 1,297만 명이었고, 17대 대선에서 정동영, 문국현, 권영길 후보를 지지한 유권자는 826만 명이었다. 진영론자들은 이들을 모두 진보 성향 유권자로 간주한다. 그래야 진영론으로 대선 결과를 설명할 수 있기 때문이다. 하지만 진보 진영 후보에게 투표했다고 모두 진보 성향 유권자인 것은 아니다. 심각한 결함이 있다. 최소 25%가 넘는 응답자가 자신을 중도라고 밝히고 있는 현실을 무시해야 하기 때문이다.

1,297만에서 826만으로 줄었으니 진보 진영에서 이탈한 표는 471만. 그렇다면 471만 명 모두가 기권한 것이어야 한다. 진보 성향 유권자가 보수 진영 후보에게 투표할 리 없기 때문이다. 진보 진영에서 이탈한 모든 표가 기권한 것이라면, 그래서 보수 진영으로 넘어간 표가 한 표도 없다고 하면, 16대 대선 때보다 361만 늘어난 보수 진영의 표는 어떻게 설명할 수 있을까? 가능한 설명은 단 하나, 이들도 16대 대선에서는 모두 기권했던 사람들이어야 한다. 그런데 16대 대선은 박빙 선거였고 17대 대선은 대다수가 보수 진영의 승리를 예견했던 선거였다. 이 361만의 보수 성향 유권자는 박빙이 예상되던 선거에서는 모두 기권했다가 압승이 예상되는 선거에만 투표하러 나오는 아주 이상한 유권자가 되어야만 한다. 이는 진영론이 전제하는 유권자 상과도 맞지 않는다. 박빙 선거일수록 자기 진영 후보에게 표를 보태기 위해 투표장에 나간다. 기권하는 경우는 자신의 한 표가 보태진다고 승패가 달라지지 않을 만큼 우열의 차이가 큰 경우다.

진보 성향 유권자나 보수 성향 유권자는 자기 진영 후보에게 투표하거나 기권한다는 주장은 선거 연구에서 축적된 결과들과 배치된다. 연구에 의하면, 개인의 투표 참여는 상당한 일관성을 가지고 있다. 특별한 사유가 없으면 항상 투표하러 가는 유권자들이 대다수다. 이들을 항상 투표자 또는 습관적 투표자habitual voter라고 한다. 이들의 반대편에 웬만하면 투표하지 않는 유권자가 있다. 이들은 전체 유권자의 10% 정도다. 마지막으로 상황에 따라 참여 여부가 달라지는 유권자가 있다. 진영론의 틀을 고집하면, 항상 투표자의 존재를 부정해야 한다.

그래서 현명한 진영론자라면, 이러한 논리적 모순에 봉착할 가능성이 배제된 다른 길을 찾으려 한다. 진보 진영에서 이탈한 표 가운데 일부는 보수 진영 후보에게 투표한 것이라는 점을 인정해서 논리적 모순을 극복하려 한다. 그런데 이를 인정하는 순간 또 다른 논리적 모순에 빠지게 된다. 진영론의 핵심적 주장, 진보 성향 유권자는 보수 진영 후보에게 투표하지 않는다는 전제가 무너지는 것이다.

문제는 여기서 그치지 않는다. 16대 대선에서 진보 후보에게 투표한 모든 유권자를 진보 성향 유권자로 간주했으니 이들 가운데 17대 대선에서는 보수 진영 후보에게 투표한 유권자들은 이제 보수 성향 유권자로 분류해야 하는 것 아닌가? 그렇다면 이념 성향은 거의 평생 동안 지속된다는 진영론의 주장은 틀린 것이 된다.

이것이 진영론으로 한국의 대선을 설명할 경우 직면하게 되는 논리적 딜레마이자 현실 부적합성이다. 이 딜레마를 해결하기 위해서는 중도 성향 유권자의 존재를 인정하는 수밖에 없다. 이들은 진보나 보수 진영 후보 가운데 한 명을 선택해야만 하는 한계 때문에 때에 따라, 즉 16대 대선에서는 진보 진영 후보에게 투표하기도 하고 17대 대선에서는 보수 진영 후보에게 투표하기도 한다는 점을 받아들이는 것이다.

한국 대선에 대한 진영론의 설명은 절반의 진실이다. 중도 성향 유권자의 표심 변화에 대해서는 전혀 설명하지 못하기 때문이고, 대선 결과에 대한 예측과 설명에서 무기력하기 때문이다. 그래서 진영론은 선무당이다. 한국 대선에 대한 올바른 이해를 위해서는 진영론의 핵심 주장 가운데 무엇인가는 수정되어야 한다.

무엇보다 '전체 유권자는 이념 성향에 따라 진보와 보수로 양분된다'는 가정이 '전체 유권자는 진보와 보수 그리고 중도 성향 유권자로 나뉜다'로 수정되어야 할 것이다. 이념 성향을 묻는 질문에 최소 25%에서 최대 45%, 평균 30% 이상이 자신은 중도 성향이라고 대답하고 있다. 투표 행위를 기준으로 보더라도 대선 때마다 600만 명 이상의 유권자가 표심 변화를 일으킨 것으로 추정된다. 전체 투표자의 20%가 넘는 수치다. 이 수치도 최소치로 추정한 것이다.

중도 유권자의 존재를 인정하더라도 진영론으로 한국의 대선을 설명할 수 있다고 주장할 수 있는 마지막 탈출구가 남아 있다.

"그들은 분명 존재하고 비중도 상당하지만 투표할 때는 대략 50 대 50으로 보수와 진보로 양분되기 때문에 중도 성향 유권자의 독자적 역할에 대해서는 받아들이기 힘들다. 투표 행태는 보수나 진보 성향 유권자와 별반 차이가 없기 때문에 진영론으로 한국 대선을 설명하는 데는 무리가 없다."

아마 이 정도가 진영론자들이 할 수 있는 최후의 변명이 아닐까? 이 말이 진영론의 마지막 보루가 될 수 있는지 다음 장에서 확인해보자.

중도 유권자가
결정한다

인지과학,
합리적인 유권자를 발견하다

사회과학계의 근간을 흔드는 조용한 혁명이 진행되고 있다. 바로 인지과학Cognitive Science의 부상이다. 1950년대부터 논리학·수학·컴퓨터공학·실험심리학 등 여러 분야의 연구 성과들이 축적되면서 인지 과정에 대한 연구들이 본격화되기 시작했고, 1973년 크리스토퍼 히긴스Christopher Higgins는 이를 '인지과학'이라고 명명했다. 인지과학의 연구 성과가 가장 집약적으로 나타나는 분야는 인공지능이다. 인공지능은 컴퓨터 프로그램·로봇·무인자동차 등의 분야에서 활발하게 연구되고 있다.

　MRI로 알려진 자기공명영상 촬영은 인지과학의 비약적인 발전을 가능케 했다. 예를 들어 정치인에 대한 판단에 이성적인 측면이 관여하는지, 감성적인 측면이 관여하는지에 대한 해묵은 논쟁이 있었다. 이제는 정치인 사진을 보여주고 MRI로 뇌를 찍어 어느 부위가 활성화되는지 알아내 해답을 찾을 수 있게 되었다.

유권자의 선택에 대해서도, 인지과학의 발전으로 인해 오랫동안 논쟁거리였던 쟁점들이 해결되고 있다. 예를 들어 '사회적으로 바람직한 응답socially desirable answer' 경향이라는 것이 있다. 어떤 사람이 인종차별주의자인지, 남성우월주의자인지를 아는 것이 중요할 때가 있다. 그동안은 이를 응답자에게 물어 확인하는 것 외에 별다른 방법이 없었다. 문제는 사실대로 응답하지 않는다는 점이다. 스스로를 인종차별주의자로 생각하지만 사회적으로 바람직한 응답을 선택하는 것이다. 자신에게 남성우월주의자의 속성이 있는지를 아예 모르는 경우도 많다. 스스로는 양성평등주의자라고 믿지만 정작 언행은 그렇지 않은 것이다.

사회적으로 바람직한 대답이 존재하는 질문에서 솔직한 응답을 기대하기는 어렵다. 그렇기 때문에 인지과학에서는 다른 방식을 사용한다. 예를 들어 컴퓨터 화면에 한쌍의 단어가 나타나면 응답자는 'Yes' 혹은 'No' 버튼을 눌러야 한다. '여성-과학자' '남성-단순하다' '코끼리-힘이 세다' 등 수많은 조합이 지나가고 그때마다 응답자는 버튼을 눌러 자신의 생각을 표현한다. 실험을 마치고 나온 응답자들은 자신이 양성평등주의자로서 정답을 잘 골라냈다고 생각한다.

그러나 컴퓨터가 측정하고 있던 것은 응답 내용이 아니라 응답하는 데 걸린 시간이다. 평등주의자는 '여성-과학자'라는 조합에 주저 없이 'Yes' 버튼을 누른다. 남성우월주의자 역시 'Yes' 버튼을 누른다. 그러나 속마음과 다르기 때문에 순간 주춤하면서 응답 속도가 늦어진다. 컴퓨터가 바로 이것을 잡아낸다.

인지과학은 특히 사회과학 분야의 해묵은 논쟁들을 종결시킬 뿐 아니라 새로운 연구 방법론을 제시하는 등 혁혁한 공헌을 하고 있다. 한국에도 출간된 『보이지 않는 고릴라』 『코끼리는 생각하지 마』 『프레임 전쟁』 등이 인지과학이 사회과학에 접목되면서 나온 성과라고 할 수 있다. 인지과학 역시 심리학과 유사하게 객관적인 사실이 아니라 이에 대한 인식을 중요시한다. 이처럼 사회과학은 크게 인간을 그 연구 대상으로 한다. 경제학·정치학·사회학·심리학 등이 그러한데, 정치학에는 유권자가, 경제학에는 생산자와 소비자라는 인간이 빠질 수 없다.

이러한 사회과학에서 가장 중요한 것은 행위의 주체인 인간의 인식이다. 문재인, 박근혜 가운데 누가 더 대통령직을 제대로 수행할 후보인가. 그 사실 자체는 중요하지 않다. 4천만 유권자가 어떻게 인식하고 평가하느냐가 중요한 것이다. 사람들이 새로운 정보를 받아들이고 이를 취합하여 하나의 선택에 이르는 인지 과정의 중요성을 간과하고는 선거의 결과와 같은 사회 현상을 제대로 이해할 수 없다. 박근혜의 당선은 4천만 유권자의 인지 과정의 결과물이다.

인지과학과 사회과학의 접목을 논할 때, 가장 중요한 학자가 2001년에 타계한 허버트 사이먼Herbert Simon이다. 사이먼은 아인슈타인 이후 최고의 천재라고 칭송받을 만큼 사회과학과 자연과학을 넘나드는 광폭의 연구 업적을 이루었다. 정치학으로 박사 학위를 받았지만, 이후 행동경제학을 창시하고 1978년 노벨경제학상을 받았고 카네기멜론 대학교에서 경영학·행정학·경제학·컴퓨터공학 교수로 재직했다. 정치학에서 경제학, 게다가 컴퓨터공학에서까지 뛰어난 업적을 남겨 인공지능 연구의 선구자로 알려져 있다.

그를 행동경제학의 창시자로 불리게 하고 노벨상 수상에 이르게 한 핵심적 개념은 '제한적 합리성bounded rationality'이다. 이는 신고전파 경제학자들의 '순수한 합리성' 또는 '완벽한 합리성'에 대한 비판에서 출발한다. 주류 경제학에서 상정하는 것처럼, 효용을 극대화하기 위해서는 인간의 인지 과정이 완벽하게 합리적이어야 한다. 필요한 모든 정보를 수집해야 하고, 이를 이윤의 극대화라는 목적에 최적으로 부합하게 처리해야 한다. 그러나 정보 등이 제한되어 있는 상황에서 인간은 완벽한 합리성을 달성하지 못한다. 따라서 최적의 효용을 추구하기보다는 비용에 대비하여 만족할 만한 수준의 효용을 추구한다.

사이먼의 제한적 합리성 이론은 선거 연구에서 유권자의 합리성에 대한 재해석으로 이어졌다. 사회-심리학적 접근법에서는 정당 일체감 등 심리적 요인에 의존해 투표한다는 점에서 유권자의 선택을 비합리적인 것으로 본다. 그러나 선거 결과가 유권자 개인의 효용에 미치는 영향이 크지 않고, 설혹 크다 해도 유권자 개인의 선택에 따라 선거 결과를 바꿀 수 있는 것도 아니라면, 투표를 위해 필요한 모든 정보를 수집하고 인지 능력을 총동원하는 것은 자원 낭비이며 오히려 비합리적인 일일 수 있다.

　　즉 유권자의 태도는 고전경제학에서 가정하는 완벽한 합리성이 아니라 사이먼의 제한적 합리성의 관점에서 더 잘 이해할 수 있다는 해석이 부상한 것이다. 만약 이 관점에서 유권자의 합리성을 이해하면, 사회-심리적 접근법에서 비합리적인 유권자의 근거로 삼았던 정당 일체감 역시 재해석될 수 있다. 유권자가 비합리적이어서 좋아하는 정당에 투표하는 것이 아니라 이제까지의 경험에 근거한 종합적 결과물이 특정 정당에 대한 선호로 나타난다는 것이다. 즉 한 번의 선거에 제공되는 정보보다는 그동안 경험으로 축적된 정당에 대한 평가를 활용하는 편이 더 합리적일 수 있다.

　　이렇게 재해석하면, 합리적 유권자 모델과 동일해진다. 유권자의 선택은 이제까지의 경험상 자신에게 더 많은 이득과 효용을 주는 정당이 어디인가에 대한 종합적 평가가 된다. 따라서 한두 번의 선거에 의해서 지지 정당이 달라지지는 않는다. 그러나 여러 번의 선거를 치르면서 새로운 경험이 쌓이다보면 생각에 변화가 올 수도 있다. 이러한 관점에 따르면 정당에 대한 선호는 사회화 과정에서 형성되어 평생 변하지 않는 심리적 일체감, 즉 상수가 아니라 나에게 주는 효용의 관점에서 끊임없이 업데이트되는 변수가 되는 것이다. 정당에 대한 선호가 쉽게 변하지 않는 것일 뿐 정당 일체감 때문은 아닌 것이다.

인지과학의 부상이 선거 연구에 영향을 준 또 다른 사례가 있다. '유권자는 합리적인가'는 선거 연구의 핵심 질문이자 논쟁만 지속되던 해묵은 과제였다. 사회-심리학적 접근 이론의 양대 축 가운데 하나인 콜롬비아 학파의 1940년대 연구는 유권자들의 비합리성에 대한 현장 보고서라 해도 과언이 아니다. 또 다른 한 축인 미시간 학파의 저서 『미국 유권자The American Voter』 역시 미국 유권자들이 얼마나 비합리적이고 정치에 대해 무지한가에 대한 실제 사례로 가득 차 있다.

유권자의 후보 선택에 미치는 요인이 무엇인가를 연구하면서 이들이 발견한 사실을 한 마디로 요약하면, '미국 유권자들은 정치와 정치인에 대해서 아무것도 모른다'였다. "현재 미국 부통령이 누구인가?" "당신이 살고 있는 지역의 국회의원이 누구인가?"를 묻는 질문에 대답을 못하거나 엉뚱한 인물을 든 유권자가 한둘이 아니었다. 진보와 보수 같은 추상적인 이념에 대해서는 더욱 심했다. "나는 환경을 보호해야 한다고 생각한다. 그래서 나는 보수주의자다"와 같은 응답을 한 사람도 있었다.

자기 지역의 국회의원이 누구인지도 모르고 진보와 보수의 개념도 이해 못하는 사람들이 어떻게 합리적 유권자인가? 책 제목을 '무식한 미국 유권자'로 바꾸어야 한다는 농담이 있을 정도였다.

하지만 이같은 사실이 유권자는 비합리적이라는 주장의 근거가 될 수는 없다. 이에 대한 연구가 진행되었다. 먼저 실험에 참가한 사람들을 무작위로 두 그룹으로 나누고 A그룹에는 민주당에 대해 긍정적인 정보를, B그룹에는 부정적인 정보를 주었다. 그런 다음에 민주당을 어떻게 생각하는지 물었다. A그룹에서는 민주당에 긍정적인 의견이, B그룹에서는 부정적인 의견이 높게 나왔다. 정보가 정당에 대한 선호에 영향을 주는 것으로 밝혀진 것이다.

그러나 선택적 취득 이론도 증명되었다. A그룹에서 원래 민주당을 좋아하던 사람들은 긍정적인 정보를 그대로 흡수해 민주당을 더욱 좋게 생각했다. 반면 민주당을 싫어하던 사람들은 이 정보를 믿지 않았다. 받아들이더라도 수용의 정도가 약했다. B그룹에서도 같은 결과가 나왔다. 원래 민주당을 싫어하던 사람들은 부정적인 정보를 그대로 받아들여 더욱 싫어한 반면 좋아하던 사람들은 새로운 정보를 거부하거나 덜 적극적으로 받아들였다.

실험은 일단 여기서 끝난다. 그리고 몇 달 후, 다시 민주당에 대한 생각을 묻는다. 결과는 처음과 같이 나왔다. 그런데 처음에 제공되었던 정보를 어느 정도 기억하고 있는지 확인하는 과정에서 놀라운 사실이 발견되었다.

민주당에 대해 긍정적인 정보를 들은 사람들은 몇 달이 지난 후에도 민주당에 대해 긍정적으로 생각하고 있었다. 그러나 그 근거가 된 구체적인 정보를 기억하는 사람은 매우 적었다. 이 실험 결과로부터 정립된 개념이 '움직이는 성적표running tally'다. 요즘 말로는 '끊임없이 업데이트 되는 성적표' 정도가 적절할 것 같다. 사람들은 민주당에 대해서 자신만의 성적표를 가지고 있다. 민주당이 잘하고 있다는 생각이 들면 이를 업데이트한다. 45점에서 55점으로, 55점에서 65점으로, 관련된 정보를 들을 때마다 성적표는 끊임없이 업데이트 된다. 그러나 왜 그때 성적이 높아졌고 지금은 왜 65점인지, 이에 영향을 미친 정보는 기억하지 못한다.

민주당에 대해서 긍정적인 정보를 들은 사람은 민주당을 긍정적으로 생각한다. 합리적이다. 그러나 이에 영향을 준 구체적인 사실은 기억하지 못한다. 뇌 용량에 한계가 있어 모든 정보를 기억하기 어려울뿐더러 효용보다 비용이 많이 들기 때문에 모든 정보를 기억하는 것은 합리적이지 못하기 때문이다.

그렇다면 투표할 때는 어떻게 할까? 움직이는 성적표만 꺼내 들면 된다. 민주당 65점, 공화당 35점. 민주당에 투표하고 나오면 된다. 이것이 합리적인 투표고 합리적인 유권자다.

또한 제한된 합리성이라고 할 수 있다. 투표를 하기 위해 관련된 모든 사실이나 세부 사항까지 기억할 필요는 없다. 민주당이나 공화당 가운데 하나를 찍으면 되는데 이를 위해 모든 것을 기억하는 것은 비합리적이다. 필요한 것은 각 정당의 최종 점수다. 따라서 세부 내용을 기억하지 못하기 때문에 무지하다거나 알지도 못하면서 투표하기 때문에 유권자는 비합리적이라고 주장하는 것은 잘못이다. 오히려 쓸 데도 없이 팩트만 많이 기억하는 것이 더 비합리적이고 바보 같은 짓이다.

우리는 종종 이런 질문을 받는다. "그 사람이 왜 좋아?" 이렇다 할 이유가 딱히 떠오르지 않아 조금 당혹스럽다. 그러나 그 사람을 좋아하게 된 계기나 이유는 분명히 있다. 다만 그 기억이 사라졌을 뿐이다. 기억은 사라져도 흔적이 남은 것이다.

그런데 그 사람을 좋아하는 이유를 밝히라는 추궁이 계속되면, 그 이유를 찾아내려 한다. 스스로는 사실이라고 생각해도 그 기억은 추궁 때문에 지금 조작된 것일 수 있다. 앞의 실험에서, 민주당을 좋아하는 이유를 묻자 제공되었던 정보와 전혀 다른 엉뚱한 이유를 답하는 사람들이 많았다. 객관적인 이유와 합리적인 근거는 분명히 존재하되 기억하지 못할 뿐이다. 그리고 기억하지 못한다고 해서 비합리적인 것은 아니다.

무당파층인가, 중도층인가

인지과학이 선거 연구에 미친 가장 중요한 영향 가운데 하나가 이념과 관련한 인지 과정에 대한 새로운 발견이다. 구체적으로는 중도의 재발견이다. 그렇다면 중도 유권자는 누구이고, 어떻게 형성되는가? 보수-진보 유권자와는 어떻게 다른가? 이에 대해 인지과학에서 발견한 내용을 검토해보자.

　일반적으로 중도 성향 유권자는 중간자적인 존재라고 생각한다. 보수와 진보의 사이 어디쯤에 애매하게 존재하고, 투표율도 보수와 진보 양쪽으로 비슷하게 나뉜다고 본다. 무당파층으로 분류되기도 한다. 무당파층은 정치적 의식이 높지 않고 투표에 참여하지 않을 가능성이 높은 집단으로 평가되어왔다. 그러므로 선거의 승패를 가르는 독자적인 역할을 한다고는 인식되지 않았다.

　무당파층과 중도 성향 유권자는 물론 상당 정도 중첩한다. 그러나 그들을 동일시하는 것은 개념상 정확하지 않다. 무당파층은 지지하는 정당에 따라 유권자를 나눈 후 어느 정당도 지지하지 않거나 경쟁하는 두 정당을 비슷한 정도로 지지하거나 반대하는 유권자를 지칭하는 개념이다. 반면 중도 성향 유권자는 지지 정당이 아니라 이념에 따라 보수와 진보로 나눈 후 이 두 집단에 속하지 않는 유권자를 지칭한다. 가장 진보적인 유권자를 0이라 하고 가장 보수적인 유권자를 10이라 할 때 5 지점 전후에 위치하는 유권자들이다. 이념 성향상 중도는 진보와 보수의 중간적인 입장을 취할 것이라 전제된다.

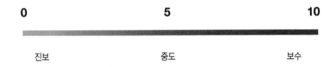

진영결집론은 중도의 존재 자체를 인정하지 않는 극단적인 입장과 존재를 인정하되 독자적인 정치적 영향력은 인정하지 않는 입장으로 나뉘는데, 후자의 입장을 형상화하면 다음과 같다.

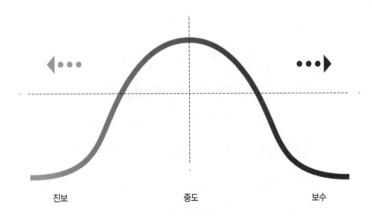

위의 그림처럼 일정 규모의 중도 유권자가 존재한다. 그러나 선거가 진행될수록 자신이 조금이라도 가까운 이념 진영 쪽으로 쏠림이 시작된다.

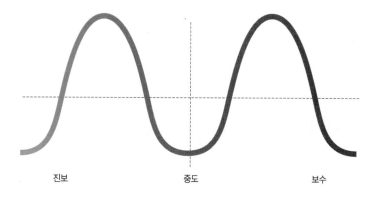

진보　　　　　　　　　중도　　　　　　　　　보수

진보에 가까운 중도였느냐, 애초부터 진보 성향이었느냐에 상관없이 조금이라도 진보에 가까운 유권자는 진보 후보에게, 보수에 가까운 유권자는 보수 후보에게 투표하게 된다. 진영론에 따르면 이것이 진보와 보수의 중간자적 존재인 중도의 운명이다. 중도 유권자들의 정치적 영향력을 과소평가해온 이유가 여기에 있다. 이렇게 가정한다면 중도 유권자가 존재해도 이들의 독자적인 정치적 역할과 선거 결과에 미치는 영향력을 기대하기는 어렵다.

그러나 인지과학의 틀로 이념 성향을 연구한 학자들은 이념에 대한 기존의 이분법적 접근에 심각한 문제가 있다고 비판한

이차원적 이념 성향 분류		보수	
		좋아함	싫어함
진보	좋아함	상충적 중도 유권자(A)	진보 유권자(B)
	싫어함	보수 유권자(D)	무당파적 중도 유권자(C)

다. 1차원상에서 보수와 진보를 대립적인 개념으로 구분하던 기존의 방식으로는 인간 인지 과정의 복잡성을 제대로 설명하지 못한다는 것이다. 1차원상에서 이념 성향을 이해할 경우, 보수를 좋아하면 진보를 싫어하고 진보를 좋아하면 보수를 싫어한다. 양자 간에는 상극적 관계만 존재한다.

그런데 태도 형성과 변화에 집중하는 인지과학자들에 따르면, 같은 대상에 대해서도 호오의 감정이 공존할 수 있다. 오히려 싫어만 하거나 좋아만 하는 경우는 예외적이다. 이를테면 배우자를 좋아만 하거나 혹은 싫어하기만 하는 사람이 있을까? 좋아하는 동시에 싫어하고 좋은 점도 많지만 좋지 않은 점도 적지 않다고 생각하는 것이 일반적이다.

경쟁 관계에 있는 두 정당, 두 이념 진영에 대해서 한쪽은 긍정적으로만, 다른 한쪽은 부정적으로만 생각하는 유권자도 있다. 그러나 그렇지 않은 유권자도 존재한다는 것이 인지과학에서의 발견이다. 그래서 2차원상의 구분이 필요다. 위 그림을 보자.

이제 유권자는 네 가지로 구분된다. 첫째, 진보를 좋아하고 보수는 싫어하는 유권자(B). 둘째, 보수를 좋아하지만 진보는 싫어하는 유권자(D). 셋째, 보수와 진보 모두 부정적으로 보는 유권자(C). 넷째, 보수나 진보 모두 긍정적으로 보는 유권자(A). A와 C가 중도다. 무당파층과 유사하며 중도에 대한 기존의 인식에 가장 가까운 집단이 C, 상충적 중도로서 주목할 필요가 있는 집단이 A다.

보수와 진보에 대한 선호가 상호 충돌하는 이들 중도 유권자는 교육 수준이나 정치적 식견이 낮지 않으며 자신이 정치에 영향을 미칠 수 있다고 생각하는 정치적 효용성에 대한 인식도 이념 성향이 강한 유권자들에 뒤지지 않는다.

이들은 특정 정당이나 이념에 대한 선호가 없거나 있다 해도 양비론적이거나 양시론적이어서 어느 한쪽으로 쏠리지 않는다. 따라서 인지 과정에서 선택적 취득이 작동하지 않기 때문에 전달되는 정보에 따라 판단할 가능성이 높다. 국정 운영을 잘했는가, 인사는 무난했는가, 경제는 좋아지고 있는가 등 객관적인 변수들의 영향력이 높아지는 것이다. 진보나 보수 성향이 강한 유권자에 비해 객관적인 상황을 있는 그대로 받아들일 가능성이 매우 높은 이유는 단순하다. 정당이나 이념에 대한 선호에서 기인한 선입관이 없거나 약하기 때문이다.

보수 성향 유권자가 40%, 진보 성향 유권자가 40%인 구도를 가정해보자. 이들에게서는 집권 세력에 대한 평가가 긍정과 부정이 40 대 40으로 양분될 가능성이 높다. 보수 정권일 때 보수 유권자는 집권 세력을 긍정적으로 평가하고 진보 유권자는 부정적으로 평가한다. 그 역도 마찬가지다. 이것이 여론의 양극화다. 그러나 이런 상황에서 전체 여론은 나머지 20%인 중도 유권자가 결정하게 된다. 이들이 어떤 결정을 하느냐에 따라 40 대 40에서 60 대 40, 혹은 40 대 60이 되는 것이다. 이들은 선입관이 없으므로 객관적인 평가가 가능하기 때문이다.

이것이 유권자 개인 수준에서는 탁월한 설명력을 보이는 진영론이 전체 선거 결과 예측에는 실패하게 되는 메커니즘이다. 최근 세 차례 대선에서 집권 여당은 차기 대선에서 참패하거나 그에 준하는 실패를 경험했다. 이 승자의 저주를 푸는 열쇠가 이들 중도 유권자에게 있다.

다시 한 번 요약하면, 중도는 보수와 진보 사이 어디쯤에 존재하는 중간자적 존재가 아니다. 이들은 정치적 식견이 높고 자신이 정치에 미치는 영향력도 높게 평가한다. 투표에도 적극적으로 참여한다. 이 점에서 투표 참여율이 낮은 무당파층과 구별된다. 특정 진영에 대한 선입관이 크지 않아 선택적 취득 과정이 일어날 가능성도 낮다. 따라서 객관적 상황이 그대로 인식에 반영될 가능성이 높다.

합리적 유권자 모델이 상정했던 유권자상에 가장 부합하는 것이 이들이다. 이들은 '객관적 상황에 반응하는 투표자responsible voter'다. 이들이 선거 결과를 가른다. 바로 이들로 의해 국정 운영을 잘한 집권 세력은 차기 대선에 승리하고, 그렇지 못하면 참패하는 것이다.

승패를 가르는
650만 스윙보터

집권 세력의 입장에서 정권 심판은 승자의 저주다. 일단 당선된 것까지는 좋았는데 국정 운영에 대한 부정적인 평가는 차기 혹은 차차기 대선의 패배로 이어질 수 있다. 노무현 정부 5년은 18대 대선까지 영향을 미쳤다. 이들을 심판한 유권자 입장에서 보면, 지난 대선 때 지지했던 정당에 실망하여 아예 투표장에 가지 않거나 아니면 투표장에 가서 상대 정당에 한 표를 던진 것이다.

집권 세력이 차기 대선에서 참패하는 한국 대선의 특징은 중도 유권자에 의한 정권 심판, 중도 유권자의 이탈에 의해 설명된다. 이들 중도 유권자는 또한 스윙보터로 불리기도 한다. 그네를 탄 것처럼 왔다 갔다 한다는 점에서, 즉 선거에 따라 지지하는 정당을 달리한다는 의미에서, 스윙보터swing voter인데, 내용상 이와 유사한 개념으로 부동층浮動層, floating voter이 있다. 물 위를 떠다니듯 표심이 흔들리는 유권자들을 뜻하는데 발음은 같아도 뜻은 정반대인 부동층不動層과 혼동하기 쉽다. 이 부동층不動層은 특정 정당에 대한 충성심이 매우 높은 집단으로, 진영론에서 집토끼라고 부르는 유권자들이다.

스윙보터에 대해 좀 더 알아보자. 부동층浮動層은 보통 한 선거에서 표심이 바뀌는 유권자를 의미하는 반면, 스윙보터는 선거와 선거 사이에 표심이 바뀌는 유권자를 의미한다. 그러나 부동층과 스윙보터 사이에는 중첩되는 부분이 많다.

자신을 진보라고 인식하지만 진보 성향이 강하지 않고 진보 진영에 대한 충성심도 높지 않은 진보 유권자도 스윙보터가 될 수 있다. 약한 보수 성향 유권자도 마찬가지다. 미국의 경우 정당 일체감을 묻는 질문에 민주당 또는 공화당과 일체감을 가지고 있다고 답한 응답자 가운데 약한 일체감을 가진 이들이 무당파층이라고 답한 사람들보다 스윙보터의 성향이 더 강하다는 연구도 있다.

정권 심판을 주도하는 유권자 집단을 중도 유권자라고 특정하든 스윙보터라고 명명하든 이 책의 전체적인 기조에는 변화가 없다. 다만 스윙보터가 모두 이념상 중도는 아닐 수 있다. 즉 스윙보터의 다수는 이념적 중도일 가능성이 매우 높지만 그중 일부는 이념 성향이 약한 진보나 보수 유권자일 가능성도 존재한다.

이 글에서 논의하는 스윙보터는 예를 들면 16대 대선에서
는 A에게 투표했지만, 17대 대선에서는 경쟁관계에 있는 B를 선
택한 유권자다. 또한 이 글에서는 지난 선거에서는 투표했지만
이번에는 기권했거나 지난 선거에서는 기권했지만 이번에는 투
표에 참여한 유권자까지 스윙보터에 포함시킨다. 지난 선거에서
우리 당을 지지했던 유권자가 이번에는 상대 정당을 지지하는
경우뿐 아니라 기권하는 경우도 손실이 발생하는 것은 마찬가지
이기 때문이고, 따라서 그 영향력은 절반으로 줄지만 나에게 손
실을 주는 점에서는 동일하다(첫 번째 경우는 마이너스 2표, 두 번째
경우는 마이너스 1표).

이들 모두를 스윙보터로 분류하는 것은 불가피한 선택이기
도 하다. 만약 이어지는 두 차례 선거에서 유권자들이 각기 누
구에게 투표했는지 또는 투표에 참여했는지 기권했는지를 추적
한 데이터가 존재한다면, 이들을 세분할 수 있다. 그러나 그런 개
인별 데이터가 없는 상황에서는 지지 정당을 바꾼 집단과 한 번
은 기권하고 한 번만 참여한 유권자의 규모를 세분할 수 없다.

스윙보터가 한국 대선의 승패를 가른다고 주장할 경우, 이
주장의 진위 여부는 스윙보터의 존재 유무가 아니라 이들의 상
대적 크기에 달려 있다. 예를 들어 1백만 명 정도의 스윙보터가
존재한다 해도 보수 유권자가 1,500만 명, 진보 유권자는 1천만

명에 불과하다면 이들 1백만 스윙보터는 승패를 가르지 못한다. 1,500만 보수 유권자가 결집하면 여기서 승패가 결정된다.

그렇다면 어느 정도의 유권자가 16대와 17대 두 대선 사이에서 표심 변화를 일으킨 것일까? 17대와 18대 대선 사이에는 어느 정도였을까? 연이은 두 차례 대선 사이의 표심 변화를 측정하는 가장 좋은 방법은 추적 패널 조사다. 예를 들면 16대 대선에서 투표를 했는지, 했다면 누구에게 투표했는지를 묻고 17대 대선에서도 동일한 응답자에게 같은 질문을 하는 것이다.

안타깝게도 한국 대선의 경우 이런 자료는 없다. 남은 방법은 합리적인 추정뿐이다. 먼저 표심 변화라는 기본적인 개념을 명확히 할 필요가 있다. 대선이 보수와 진보 진영 간 양자 대결로 치러진다고 가정할 경우, 유권자에게 주어진 선택지는 보수 지지, 진보 지지, 기권, 세 가지다. 이 책에서는 표심 변화를 이 세 가지 변화를 의미하는 것으로 규정한다. 즉 표심 변화는 진영 간 이동과 참여의 변화 두 가지 가운데 하나로 나타난다고 보는 것이다.

지난 대선에서는 진보 진영 후보를 지지했다가 이번 대선에서는 기권한 경우, 즉 참여의 변화를 보인 경우 진보 진영 입장에서는 1표를 잃은 셈이다. 그러나 이번에는 보수 진영 후보를 지지했다면 2표를 잃은 것과 같다. 따라서 표심 변화를 보이는 스윙보터의 규모를 정확하게 측정하기 위해서는 진영 간 이동과 참여의 변화를 구분해야 한다. 그러나 추적 조사 자료가 없는 상황에서는 이를 구분하고 각각의 규모를 정확하게 파악하는 것은 불가능하다. 차선은 전체적인 규모만을 최대한 합리적으로 추정하는 것이다. 합리적인 추정이란 그간 여타 관련 자료와 연구에서 밝혀진 바를 최대한 활용해 추정치의 오차 범위를 최소화한다는 의미다.

지금까지의 연구에 따르면, 진영 간 이동은 쉽게 일어나지 않는다. 진영론은 이 점을 강조한다. 우리 진영 후보가 마음에 들지 않는다면 기권을 택하지 상대 진영 후보에 투표하지는 않는다는 것이다. 그러나 투표 참여의 변화 역시 쉽게 일어나는 일은 아니다. 이 두 가지 표심 변화는 자주 발생하지도 않을뿐더러 그 규모도 크지 않다는 것이 미국이나 유럽 선거 연구의 결론이라 해도 틀리지 않다. 이 점에서 한국 대통령 선거는 매우 특이한 경향을 보인다. 구체적인 원인은 알 수 없지만 진영 간 이동이든 참여의 변화든 미국과 유럽의 일반적인 사례와 비교할 수 없을 정도로 스윙보터의 규모가 크고 그것도 단기간에 급격하게 이루어진다.

진보 진영 후보를 선택할지 보수 진영 후보를 선택할지 아니면 기권할지, 이 세 가지 선택지에서 유권자가 최종 결정에 이르는 과정은 크게 두 가지로 볼 수 있다. 첫째는 세 가지 선택지를 동시에 놓고 고민하는 경우다. 두 번째는 항상 투표자가 진보 보수 진영 후보 가운데 한 명을 선택하는 것이다. 항상 투표자 중 특정 진영에 대한 충성도가 높지 않은 일부 유권자는 보수에서 진보로, 또는 진보에서 보수로 지지를 달리할망정 투표에는 반드시 참여한다. 이들이 진영 간 표 이동의 주축이 된다. 따라서 표심 변화 모두를 참여의 변화라고 주장하는 것은 이론적·실증적 양 면에서 공히 근거가 없다.

선거 연구는 물론 여타 사회과학에서 사용되는 합리적 추정 방식은 크게 최대추정치 방식과 최소추정치 방식이 있다. 스윙보터의 규모를 추정할 때 최대추정치 방식은 도움이 되지 않는다. 최대추정치 방식은 특정 집단의 규모를 최대치로 잡고 여기서부터 뺄셈을 하며 추정하는데, 이 방식에 따르면 모든 유권자가 투표에 참여한 지역에서 양대 정당이 50 대 50으로 지난 선거에 비해 득표율에 변화가 없다 하더라도, 표심 변화가 없었다고 주장할 수 없다. 모든 유권자가 지난 선거와 정반대의 선택을 할 수도 있기 때문이다.

어느 반의 평균 성적이 지난달에도 50점, 이번 달에도 50점이라 해서 학생 개인의 성적 변화가 없다고 할 수 없는 것과 같다. 지난달에는 0점을 받았던 절반의 학생들이 모두 100점을 받고 지난달에는 100점을 받았던 나머지 절반의 학생들이 모두 0점을 받아도 전체 평균은 50점으로 변화가 없기 때문이다.

16대와 17대 두 차례 대선 사이의 변화는 진보 진영 −471

만 표, 보수 진영 +361만 표였다. 따라서 진보 진영은 471만에 361만까지 모두 −832만 표를 잃었다. 진영 간 이동은 없다는 진영론의 주장을 적용해 추산하면, 스윙보터의 규모는 832만 명이다. 지난 선거에서 진보 진영에 투표했으나 이번 선거에서는 이탈한 471만 명이 보수 진영 후보를 지지할 가능성은 없으므로 모두 기권한 것으로 간주해야 하는 것이다. 그렇다면 보수 진영이 늘린 361만 표는 어디서 온 것일까? 진보 이탈자 471만 명에서 옮겨온 표는 없다고 가정했으므로 모두 지난 선거에서는 기권한 유권자들이 이번 선거에만 나와 보수 진영 후보에게 투표한 것이어야 한다. 이 둘을 합친 832만 명이 스윙보터의 규모가 된다.

이러한 방식으로 추정치를 구할 때 생기는 문제점은 분명하다. 진영 간 이동은 없다는 진영론의 가정을 전제로 구한 것이므로, 이 가정이 참이 아니라면 추정치도 참이 아니게 된다.

스윙보터 규모 추정과 관련된 또 다른 이론이 있다. 항상 투표자 이론이다. 이 이론에 따라 2002−2007년 스윙보터의 수를 구하면 다음과 같은 방식으로 전개된다. 즉 투표하러 가는 사람은 항상 투표하러 가고 기권하는 사람은 항상 기권한다. 이에 따르면 17대 대선의 보수 진영 증가분 361만 표가 지난 대선에서 기권한 사람들이 이번 대선에서만 투표해서 나온 표라는 주장은 말이 안 된다.

그렇다면 보수 증가분 361만은 진보 이탈자 471만에서 나와야 한다. 진보 이탈자 471만 명 가운데 361만 명이 보수 진영 지지로 선회한 것으로 먼저 계산하고, 나머지 110만 명만 기권한 것으로 간주하는 것이다. 이 방식을 따를 겨우 전체 스윙보터의 규모는 진보 이탈자 471만 명과 동일하다. 이들 가운데 361만 명을 진영 간 이동, 나머지 110만 명은 투표 참여 변화로 표심이 변화한 것이다.

이제 합리적 최소추정치를 구해보자. 먼저 스윙보터의 존재와 규모에 대해서 가장 첨예하게 경쟁하는 두 가지 이론 또는 가정을 선택한 다음 각각의 이론을 극단적으로 적용해 추정치를 산출한다. 이제 두 개의 이론으로부터 얻은 두 추정치의 평균을 구한다. 우리는 진영론의 가정으로부터 832만을, 항상 투표자 이론의 가정으로부터 471만을 얻었다. 이 둘의 평균은 약 651만, 이를 2002-2007년 스윙보터의 합리적 최소추정치라 한다.

진영론에서는 스윙보터의 규모를 최대화하는 추정치를, 항상 투표자 이론에서는 이를 최소화하는 추정치를 산출했다. 현실은 이 두 가지 극단의 중간쯤에 존재할 것이다. 그래서 둘의 평균을 추정치로 사용하는 것에는 양자가 동의할 수 있을 것이다. 물론 합리적 최소추정치 방식 역시 두 최소추정치의 중간값 선택이 자의적이라는 약점이 있다. 그러나 앞서 살펴본 대로 어떤 유권자에게는 진영 간 이동이 넘을 수 없는 장벽일 수 있다.

그러나 항상 투표자들에게는 마음에 드는 후보가 없다고 기권한다는 것은 무척 어려운 일이다.

한쪽에는 진영 간 이동을 마치 사상 전향처럼 넘어서는 안 되는 루비콘 강이라고 생각하는 유권자가 있고, 다른 한쪽에는 누구를 지지하는가는 상관없는데 투표에 참여하지 않는 것은 민주 시민의 기본 의무를 저버리는 몰상식한 처사라고 생각하는 항상 투표자들이 있다. 이들 각각의 규모와 상대적 비중의 차이를 알 수 없는 상황에서 중간값 선택은 불가피한 차선책이다.

합리적 최소추정치 방식을 통해 추정한 스윙보터의 규모는 2002-2007년에는 651만, 2007-2012년에는 485만이다. 대선을 한 번 치를 때마다 표심 변화를 보이는 유권자들이 485만 또는 651만 명이었다는 뜻이다. 앞서 밝혔듯이 이것도 최소추정치다. 최대추정치 방식을 사용하면 모든 유권자가 스윙보터였다는 극단적 주장도 가능하다. 다시 한 번 설명하면, 17대 대선의 경우, 진보 지지에서 보수 지지로 선회하거나 진보를 찍었다가 기권한 유권자가 최소 651만 명 이상이었다. 18대 대선에서는 17대 대선에서 기권했다가 진보 지지로 선회한 유권자만 485만 명 이상이었다.

08

불안정한 지지,
위기의 진보

**기울어진 운동장인가
평평한 운동장인가**

한국 정치는 보수와 진보, 양 진영 간 대결로 진행되고 있다. 이 양자 대결 구도는 우리처럼 승자 독식의 대통령제와 소선거구제라는 제도적 한계로 인한 것이라 할 수 있다. 유권자 구성은 보수, 진보, 중도가 각각 30% 정도를 점한 1:1:1 삼분지세인데, 제도가 양자택일을 강요하므로 발생하는 구도다. 그렇지 않은 양자 구도도 있다. 중도 성향 유권자가 적어 진보와 보수 성향 유권자가 전체 유권자의 거의 전부를 차지하는 경우가 그러하다. 이런 경우에는 제도가 어떠하든 양자 대결 구도가 형성된다.

　각 진영 유권자가 어느 정도 비중을 차지하고 있는가는 정치 변화 가능성을 예측하는 데 가장 중요한 변수다. 예를 들어

일본처럼 보수 성향 유권자의 비중이 압도적으로 높은 국가에서는 의원내각제와 중대선거구제를 택하더라도 정권 교체 가능성은 거의 없다. 어떤 제도를 택하든 보수 성향 정당이 승리하기 때문이다. 반면 중도 성향 유권자는 거의 없고 보수와 진보 성향 유권자가 50 대 50으로 팽팽한 균형 상태를 이룰 경우에는 정권 교체가 쉽게 일어난다. 그런데 치열하게 경쟁하던 진영 간의 정권 교체이므로 이 과정이 매끄럽지 않고 극심한 파열음을 낸다. 정책은 누가 집권했느냐에 따라 냉탕과 온탕을 반복해 오간다. 그다지 바람직하지 않기는 마찬가지다.

유권자 구성이라는 면에서 가장 이상적인 분포는 한국처럼 보수, 진보, 중도가 각각 30% 정도를 점한 3자 구도다. 이런 구도에서는 보수든 진보든 어느 일방이 전체를 지배하지 못한다. 이 경우 중도가 균형추 역할을 할 수 있다. 보수와 진보가 균형 상태에 있으므로 양자 간의 정권 교체도 가능하다. 그러나 어느 한쪽이 과반을 넘지 않기 때문에 진정한 의미의 집권 세력이 되기 위해서는 중도와의 연합정부여야 한다. 즉 보수-중도 연합이 중도-진보 연합으로 넘어가는 정권 교체 형식을 띨 가능성이 매우 높다. 이럴 경우, 집권 세력에 따라 국정 운영 방향이나 정책이 냉탕과 온탕을 오가는 극심한 변화도 줄어든다. 반드시 1:1:1의 균등한 구도가 아니어도 가능하다. 보수와 진보가 각각 40%를 점하고 중도가 20% 정도일 때도 동일한 효과를 낼 수 있다.

이런 맥락에서 보면 한국 정치의 문제는 제도에서 기인한 것이다. 유권자 구성은 이상적인 형태에 가까운데 승자 독식의 제도 때문에 양당제가 강제되는 것이고 진영 간 극심한 대결이라는 한국 정치의 가장 심각한 문제가 생기는 것이다. 그러나 다행스러운 면도 있다. 그 원인이 유권자 구성이 아니라 제도에 있다면, 개선의 여지는 충분하다. 예를 들어, 소선거구제를 바꾸면 양자 대결이 아니라 보수, 진보, 중도가 경쟁하는 3자 구도로 쉽게 전환될 수 있다. 중도 정당이 실제로 탄생할 것인가는 정치인들의 결단에 달린 문제다. 구조적으로 어려운 것이 아니라 정치인들의 판단의 문제이기 때문에 이는 설득, 즉 생각을 바꾸게 하는 문제가 된다.

이처럼 유권자 구성은 거의 완벽한데 진영론자들은 유권자 구성 탓을 한다. 이를테면 이런 주장이다.

"국정 운영을 잘못해서, 정치를 제대로 안 해서 지는 것이 아니다. 애초 진보 성향 유권자가 적기 때문에 우리가 지는 것이다."

이처럼 우리 편에 불리하게 '기울어진 운동장' 이론은 정치 발전에 악영향을 미친다. 선거에 지면 무엇을 잘못했는가를 따져보아야 자기성찰과 혁신이 가능하다. 유권자의 이념 성향 분포에서 패배의 원인을 찾는 한 한국 정치의 미래는 어둡다.

이제까지 살펴본 바에 의하면 한국 대선은 이념 성향으로는 중도 유권자, 표심이 바뀐다는 의미에서의 스윙보터에 의한 정권 심판이 기본 특징이다. 2002년 장밋빛 미래를 예견하며 화려하게 등장한 진보 진영은 이어진 두 차례 선거에서 모두 패배했다. 이에 대한 변명이 필요했는지 모른다. 그래서일까? 2012년 18대 대선 이후 진보 진영 선거 전문가들을 중심으로 기울어진 운동장 이론을 주장하는 인사들이 부쩍 늘었다. 보수 성향 유권자가 진보 성향 유권자보다 많아 진보 진영이 선거에서 이기기 어렵다는 것이다.

기울어진 운동장을 주장하는 사람들이 내세우는 또 다른 이론이 있다. 고령화에 따른 보수화 가설이다. 결론은 동일하다. 우리가 선거에 진 것은 유권자가 고령화되어 보수화되었기 때문이다. 우리가 잘못한 것은 없다. 고령화에 따른 보수화는 마치 물이 높은 곳에서 낮은 곳으로 흐르는 것처럼 자연적인 현상인데 이를 어떻게 막을 수 있겠는가.

진보 진영의 패장들에게 변명과 핑계로 작용하는 이 두 가지 주장들이 승리한 보수 진영의 게으른 진영론자들에게 잘못된 환상을 심어주고 위안의 근거가 된다. 보수 진영의 가장 큰 걱정거리는 젊은 유권자층에서 진보 진영에게 일방적으로 밀리고 있다는 점이다. 고령화에 따른 보수화 가설만큼 이들에게 큰 위안을 주는 것도 없다. '젊은층도 나이가 들면 보수화되고 그러면 자연스럽게 보수 진영 지지로 돌아설 것인데 뭘 그리 걱정하느냐가 이들의 생각이다.

한국 대선에서 선거 결과 반전은 지지층이 급증해 생기는 반전이 아니다. 지지했던 유권자들이 기권하거나 상대 진영에 몰표를 주면서 생기는 악성 반전이다. 진보가 집권하면 보수에 표를 몰아주고, 보수가 집권하면 진보에 표를 몰아주는 악순환이다. 양 진영을 모두 좋아해서 생기는 중도가 아니라 양 진영 모두 싫어해서 생기는 중도이고, 그래서 악성 반전이 계속되고 있는 것이다. 누가 더 잘했는가 아니라 누가 더 못했는가, 누가 집권하면 더 못할 것인가를 다투는 퇴행적 선거인 것이다.

이는 보수 진보 할 것 없이 공히 반성하고 변화해야 함을 의미한다. 기울어진 운동장과 고령화에 따른 보수화 주장은 한국 정치에 매우 부정적인 영향을 미치고 있다. "우리가 잘해서 국민의 지지를 늘리고 이것으로 선거에서 이기자"가 아니라, 어떤 식이로든 선거에 이기기만 하면 된다는 게으른 극단주의자들에게 이런 지적은 소 귀에 경 읽기 만큼이나 부질없을 것이다. 그러나 한국의 선거 결과는 자기 진영 유권자를 얼마나 결집시키느냐가 아니라 국정 운영을 얼마나 잘하느냐에 달려 있다. 이 점을 인식하지 못하는 한 선거에서 승리하기는 어려울 것이다.

한국에 중도층이
많은 이유

단순화하면, 선거 결과는 두 가지 요인에 의해 영향을 받는다. 하나는 해당 선거가 치러지기 이전에 이미 존재하는 객관적인 정치 지형이다. 즉 각 진영을 지지하는 유권자가 어느 정도 존재하는가다. 유권자들의 진영별 지지율이 선거 결과에 영향을 미친다. 그러나 이는 선거가 치러진 다음 확인되는 것이 아니라 추정치에 불과하기 때문에 이를 잠재적 지지율이라 한다. 그런데 만약 보수와 진보를 지지하는 유권자가 각각 50%, 1:1이라면 후보자가 누구인가에 의해 영향을 받지 않는다. 이런 점에서 객관적 요인이라고도 한다.

또 다른 하나는 선거에 돌입하면서 영향을 주는 요인들로, 후보, 선거 운동, 선거 과정에서 발생하는 제반 변수들이다. 이들은 주관적 요인으로 분류되고, 이 가운데 가장 중요한 것은 후보다.

전자를 객관적인 정치 지형이라고 하고, 그 핵심은 진영별 지지 유권자의 규모, 잠재적 지지율이다. 기울어진 운동장이라는 개념은 이 정치 지형이 어느 한쪽에 유리하거나 불리한 방식으로 기울어져 있다는 것이다. 그런데 아직 현실화되지 않은 이 잠재적 지지율을 어떻게 측정할 것인가? 가장 좋은 잣대는 최근 선거에서의 진영별 득표율이다. 그런데 대통령 선거 투표율이 가장 높으므로 최근에 치러진 대선에서의 진영별 득표율이 가장 좋다. 또 다른 하나는 최근의 국회의원 선거, 그중에서도 정당비례대표 득표율이다.

예를 들어 보자. 당신은 차기 총선 출마를 준비하는 예비후보다. 출마 지역을 선택할 수 있다면 당신은 어떤 곳을 택하겠는가? 당연히 당선 가능성이 가장 높은 지역이다. 그렇다면 당선 가능성을 판단하는 기준은 무엇인가? 만일 보수 진영 후보라면 보수 진영을 지지하는 유권자가 많은 곳이 당선에 유리한 지역이다. 이를 알려면 이전 선거에서 보수 표가 많이 나왔는지를 살펴보면 된다. 최근에 치러진 대선에서의 보수 후보 득표율이 그 기준이 될 수 있고, 총선에서의 정당비례대표 득표율도 기준이 될 수 있다.

그런데 왜 지역구 국회의원이 아니라 정당비례대표인가? 지역구 국회의원의 표에는 정당이 아니라 후보 개인의 표가 들어 있기 때문이다. 후보 요인 등 그 선거에만 한정되었던 요인들, 즉 주관적 요인들의 영향력을 배제하기 위해서는 대통령이나 정당비례대표 득표율이 적합하다. 객관적인 유권자 구성, 특히 진영별 잠재적 지지율을 반영하는 대선과 정당비례대표 득표율을 그래서 'normal vote'라고 한다. normal vote는 객관적으로 존재하는 일상적 득표율 또는 평균적 득표율 정도로 번역될 수 있는데, 이것의 한국 버전이 '정치 지형'이다. '진보에게 불리하게 기울어진 운동장'이라 할 때 기울어진 운동장은 이 정치 지형을 의미한다.

그런데 문제는 후보 요인에 영향을 받지 않는 선거는 없다는 것이다. "나는 보수 진영을 지지하는 것은 아니지만 박근혜가 좋아서 투표했다" 하는 경우다.

다시 기울어진 운동장으로 돌아가보자. 실제로 한국에는 보수 진영을 지지하는 유권자가 진보 진영을 지지하는 유권자보다 많은가? 그렇다면 얼마나 더 많은가? 기울어진 운동장이라고 표현할 만큼 진보 진영을 지지하는 유권자가 일방적으로 적은가?

결론부터 말하자면 2015년 현재 한국 정치 지형은 기울어진 운동장이 아니라 '디스코 팡팡'이다. 디스코 팡팡은 젊은층에서 인기가 많은 놀이 기구다. 큰 원형의 회전판에 올라가서 회전판을 따라 둥그렇게 설치된 난간을 붙잡고 버텨야 하는데 쉽지가 않다. 매우 빠른 속도로 회전하는 동시에 위아래로 요동 치기 때문이다.

한국의 정치 지형은 이 놀이 기구를 닮았다. 한쪽으로 기울어져 있는 것이 아니라 한 번은 왼쪽으로 급격히 쏠렸다가 다음 번에는 오른쪽으로 급격히 쏠린다. 게다가 상하좌우 운동이 동시에 진행된다. 어느 순간 급정지하면 어느 쪽으로 얼마만큼 쏠려 있을지 누구도 예측할 수 없다. 오래 버티면 이기는 게임에서 어느 쪽 난간을 붙잡고 있는 것이 유리한지도 알 수가 없다. 한국 정치 지형이 딱 이 모습이다.

한국은 민주주의와 선거의 역사가 짧고 정당은 조변석개한다. 특정 정당이나 이념에 대한 경험이 짧다보니 쌓여 있는 애정도 깊지 않다. 한국에는 특정 정당이나 진영에 대한 선호가 형성되지 않았거나 그 강도가 매우 약한 유권자가 많다. 이들이 한국의 두터운 중도층을 형성하고 있다.

반면 미국이나 유럽 등 오랜 민주주의의 역사를 가진 정치 선진국은 진보와 보수를 대표하는 정당들이 오랜 역사를 가지고 있고 안정적으로 발전해왔다. 그래서 정당이나 진영에 대한 일체감도 일찍부터 형성되고 안정적인 모습을 보인다. 이런 나라들에서는 당연히 진영론의 현실 설명력이 높게 나타난다.

미국의 경우 민주당이나 공화당에 대한 귀속감이 형성되는 시기는 사회화 과정이 이루어지는 청소년기라고 한다. 식탁에서 부모의 대화를 들으며 특정 정당에 대한 호불호가 형성된다는 것이다. 밥상머리 교육이다. 아들이 아버지를 닮아 키가 클 확률보다 아버지가 좋아하는 정당을 좋아할 확률이 더 높다는 연구 결과도 있다.

민주주의와 정당의 역사가 오래되고, 정치가 급격한 변화없이 안정적으로 발전되어온 국가에서는 특정 정당에 대한 선호나 이념 성향이 일찍 형성되고, 나이가 들어갈수록 더욱 공고해지는 경향이 있다. 열대여섯 살 무렵부터 부모의 밥상머리 교육을 통해 형성된 이념 성향이 이후 큰 변화 없이 지속되는 것이다.

한국이 여타 선진국에 비해 매우 두터운 중도층을 갖고 있는 것은 이런 차이와 무관하지 않다. 게다가 집권 세력은 선진국에 비해 훨씬 일방적이고 독선적인 국정 운영을 한다. 원래 선호가 약한데 더욱 약해질 수밖에 없다. 이러한 환경에서 16대 대선에서 진보 진영에 투표한 유권자 1,297만 명 가운데 3분의 1이 넘는 471만 명이 17대 대선에서는 기권하거나 보수 진영 후보를 선택한 것이다.

요약하면, 한국의 정치 지형은 진영론이 높은 현실 설명력을 보이는 선진국과는 다르다. 첫째, 양 진영에 대한 선호가 없는 중도층이 매우 두텁게 형성되어 있다. 앞에서 살펴보았듯이, 최소 25% 이상이 이러한 중도층으로 분류된다. 둘째, 보수나 진보 성향 유권자 가운데 각 진영에 대한 선호나 이념 성향이 약하거나 안정적이지 않은 유권자의 비율이 선진국에 비해 높다. 이러한 한국적 특수성을 고려하면, 특정 시기 어느 한 진영이 우세하다 해도 다음 선거에서 승리를 장담할 수 없다. 우열 자체가 급격히 바뀔 가능성도 매우 높다.

실제로 17대 대선에서 진보 진영은 득표 수가 5년 만에 471만이나 급감했다. 18대 대선에서 다시 1,469만 명으로 643만 표 급증했다. 같은 기간 보수 진영도 롤러코스터를 타기는 마찬가지였다. 17대 대선 때 361만 표 급증했으나 18대 대선에서는 72만 표 증가에 그쳤다. 5년 전 361만 표가 증가한 것에 비하면 급브레이크를 밟은 형국이고, 같은 기간 643만 표가 급증한 진보 진영에 비해서는 급격한 후진이었다.

정치 지형, 어느 쪽에 유리한가

대선에서 두 번 연속 패배한 핑계거리를 찾고자 하는 것이 아니라면, 기울어진 운동장을 주장하는 진보 진영 인사들이 분명히 해야 할 것이 있다. 진보에게 불리한 지형이란 어느 시점을 기준으로 하는 것인가? 앞서 언급했듯이 미국이나 유럽과 달리 한국의 정치 지형은 안정적이지 않다. 진보 진영에 불리한 지형이었다가도 단시간에 진보 진영에게 유리한 지형이 형성되기도 한다. 따라서 어느 시기를 불리한 지형이라고 하는지 분명히 해야 한다.

그런데 대선의 진영별 득표율을 근거로 이후 어느 진영이 우세할 것인가로 정치 지형을 판단한다면, 염두에 두어야 할 세 가지 사실이 있다. 첫째, 지난 대선의 특수성, 특히 후보 요인이 반영된 오염된 잣대일 수 있다. 예를 들면 18대 대선은 노무현, 이명박이라는 과거 정부에 대한 심판의 성격이 강했다. 박근혜 후보는 이명박 정부와의 차별성이 뚜렷하게 부각된 반면, 노무현 대통령 비서실장 출신인 문재인은 이러한 차별화에 실패했다. 노무현 정부와 친노 그룹에 대한 부정적인 인식은 2010년 지방 선거에서 서울시장과 경기도지사에 출마한 한명숙, 유시민의 '친노 디스카운트'에서도 확인되었다. 당시 두 후보는 대표적인 친노 인사로 인식되었다. 서울의 경우, 또 다른 지표라 할 수 있는 정당비례대표 투표에서 진보 진영이 54 대 46으로 약 8% 정도 앞섰음에도 불구하고 시장 선거에서는 46.8 대 47.4로 한명숙 후보가 뒤졌다. 경기도의 경우 역시 비례대표 투표에서는 서울과 비슷한 차이로 진보가 앞섰지만 유시민 후보는 47.8 대 52.2, 약 5%의 적지 않은 차이로 김문수 후보에게 패배했다. 비례대표 투표에서 여타 수도권 지역과 유사했던 인천에서는 송영길 후보가 52.7 대 44.4로 8% 이상 큰 차이로 안상수 후보를 앞섰다.

정당비례대표 투표 결과를 보면 인천에서 송영길이 승리했듯이 유시민과 한명숙도 승리했어야 한다. 다른 결과가 나왔다면 후보 요인이 작용한 것인데, 그 패턴도 일관성이 있으므로 친노 디스카운트라 하는 것도 지나치지 않다. 이렇듯 후보 요인은 정치 지형을 판단하는 오염된 잣대일 수 있다.

둘째, 한국 정치 지형은 급격하게 바뀐다는 사실이다. 그것도 5년, 어쩌면 5년보다 더 짧은 기간에 극적인 지형 변화가 일어난다. 노무현 정부가 출범할 당시만 해도 진보 진영에 유리한 지형으로 보였지만 노무현 정부에서 치러진 40여 차례의 재·보선에서 진보 진영이 참패한 사실이 그 방증이다.

셋째, 변화의 방향 예측이 가능하다. 그 방향은 정권 심판이고 승자의 저주다. 진보 진영 집권 후 정치 지형은 진보 진영에 불리한 쪽으로 급격하게 변화했다. 이명박 당선 이후 보수 진영도 똑같은 전철을 밟았다. 만약 박근혜 정부도 이전 두 정부의 전철을 밟는다면, 정치 지형은 진보 진영에 유리한 쪽으로 다시 급격하게 변화할 것이다.

18대 대선에서 진보 진영이 3.6% 차이로 패배한 것을 보면 진보 진영에 약간 불리한 정치 지형인 것도 사실이다. 그러니 보수 진영에 비해 득표력 자체가 낮다고 볼 수는 없다. 중도층의 표심에서 진보 진영이 약간 우세에 있기 때문이다.

잠재적 진영별 지지율에서 일탈하는 후보 요인, 정치 지형의 급격한 변화, 정권 심판, 이 세 가지 사실로 인해 지난 대선의 진영별 지지율은 정치 지형을 판단하는 근거로 적합하지 못하다. 대안은 이념 성향별 유권자 구성이다. 역대 선거 결과를 근거로 하되 각 진영의 득표율 최저점, 즉 '콘크리트 지지층'을 기준으로 삼는다는 점에서 이는 단순히 진영별 득표율을 기준으로 정치 지형을 판단하는 것과는 다르다. 이 기준을 적용하면 보수, 중도, 진보의 비율을 40:25:35 정도로 보는 것이 합리적일 것이다. 보수 40%, 진보 35%는 양 진영의 최저점, 즉 마지노선을 의미한다. 그 근거는 다음과 같다.

대선에서 이념적 대결 구도가 본격화된 시발점이 2002년이었다. 진보 진영이 약 53 대 47로 우위에 있는 박빙 구도였다(논의의 단순화를 위해 50 대 50의 경합 구도라고 치자). 5년 후인 2007년의 진영별 지지율을 살펴보자. 이회창 후보가 출마하기 전까지 보수 진영의 유력 후보는 이명박과 박근혜였다. 시기별로 약간의 편차는 있었지만 2007년 한 해 동안 지지율 평균치는 이명박 40%, 박근혜 25%였다. 진보 진영 후보들은 지리멸렬함을 면치 못하고 있었다. 그럼에도 불구하고 진보 진영 후보들은 대선에서 도합 35%를 득표했다. 5년차 노무현 정부에 대한 지지율이 20%를 밑도는 상황에서, 즉 진보 진영의 재집권이 불가능하다는 것이 확실시되는 상황에서 진보 진영을 대표하여 나온 세 명의 대선 후보가 얻은 35%를 진보 진영의 확고한 지지층으로 보는 것은 무리가 없다. 모든 면에서 최악의 상황이어도 진보 진영에 한 표를 행사한 이들이 소위 콘크리트 지지층이다.

2007년 한나라당 경선에서 이명박이 박근혜를 누르고 대선 후보로 확정되었다. 이후 이회창 후보가 무소속으로 출마했다. 최종 득표율은 이명박 48.7%, 이회창 15.1%로 두 보수 진영 후보의 득표율은 약 65%였다. 다시 65%다. 당시 여론조사 기관들은 박근혜 지지자 25% 가운데 10%가 이명박으로, 15%가 이회창으로 옮겨간 것으로 해석했다. 이명박과 박근혜가 대선 후보 자리를 놓고 경합하고 있을 당시 보수 진영의 콘크리트 지지층은 지지율 40% 내외로 평가되었는데, 이 40%를 자세히 들여 다볼 필요가 있다. 이들 40% 가운데 25%는 박근혜를 지지했고, 나머지 15% 정도가 이명박 후보를 지지했다.

이명박 후보의 지지율 40% 중 보수의 콘크리트 지지층 15% 를 뺀 25%는 큰 틀에서 중도 표라고 볼 수 있다. 최근 세 차례 대선에서 나타난 최소 651만 명 이상의 스윙보터 규모도 이 수치와 부합한다. 2002년 50 대 50의 경합 구도에서 5년이 지난 시점에서 각 진영의 확고한 지지층이 보수 40%, 진보 35%였고, 나머지 25% 정도가 범중도층으로 분류될 수 있다. 이 이념 지형상 기본 구도는 지금도 지속되고 있다. 이 구도에서 치러진 17대 대선에서 거의 모든 중도 유권자가 보수 진영 후보에게 몰표를 던졌다. 이것이 65 대 35의 대선 결과로 귀착된 것이다.

물론 25%의 중도층 전부가 보수 진영에 투표했다는 것은 비현실적이다. 상당수 진보 성향 유권자가 기권하거나 보수 진영 후보에게 투표했을 것이고, 이 수치만큼이 중도 몰표에서 빠져야 하지만, 그 각각의 정확한 수치를 알 수는 없다. 다만 전체 그림이 이렇게 그려졌다는 것이다.

2012년 18대 대선에서는 50 대 50의 경합 구도가 복구되었다. 2007년 대선에서 보수 진영에 표를 몰아준 중도 25% 가운데 15%가 진보 진영 지지로 선회했고, 10%는 여전히 보수 진영 지지로 남았다는 추정이 가능하다. 보수와 진보의 콘트리트 지지층이 각각 40%, 35%라 가정하고 2012년 대선부터 현재까지는 25% 중도층의 5분의 3인 15%가 진보를 나머지 10%가 보수를 지지하고 있다. 그래서 다시 50 대 50의 경합 구도가 형성된 것이다.

2012년 대선에서 박근혜 후보가 3.6% 차이로 문재인 후보를 앞섰다는 점을 감안하면, 25% 중도층이 거의 대등한 비율로 보수와 진보로 양분되었다고도 볼 수 있다. 그러나 문재인의 경우 앞에서 지적한 친노 디스카운트 요소를 감안해야 한다. 민심의 바로미터라는 수도권의 두 광역단체장 선거에서 확인된 결과다. 문재인의 친노 디스카운트를 감안하면, 3.6%보다 더 근소한 차이로 보는 것이 타당하다.

요약하면, 2002년 대선에서 확인된 50 대 50 박빙의 이념 지형이 현재 시점에서는 진보가 약간 열세인 상황이다. 역대 선거에서 확인된 진영별 마지노선, 콘크리트 지지층의 규모 면에서도 보수 40%, 진보 35%로 진보가 약간 열세인 상황이다. 그러나 득표력 면에서 열세라고 단정하긴 어렵다. 25%의 중도가 존재하기 때문이다.

중도에 숨은
진보

한국 유권자의 특성 가운데 하나가 보수와 진보 간의 비대칭성이다. 보수와 진보가 이분법적으로 나뉜다면 양자는 거울처럼 대칭을 이루면서 정반대로 움직인다. 그러나 유권자의 이합집산을 보면 보수 지지 유권자는 안정성을, 진보 지지 유권자는 불안정성을 그 특징으로 한다. 예를 들어 보수 진영은 잘하든 못하든 40% 내외의 고정 지지층을 확보하고 있는 것으로 보이는 반면, 진보 진영은 악재를 만나면 20%대까지 떨어졌다가 30%대에 육박하기도 하는 등 진폭이 매우 크다. 진보 진영에 불리하게 기울어진 운동장이라기보다 양쪽 유권자의 특성이 다른 것이다.

여론조사에서 나타나는 정당 지지율이 아니라 실제 선거에서 진보 진영이 호재를 만나면 과반선을 득표하는 것도 중도층에서 진보 진영이 강세를 보이기 때문이다. 40 대 35라는 열세를 충분이 만회할 수 있을 정도의 강세다.

즉, 중도를 표방하는 친진보 성향 유권자 규모는 5% 정도다. 이들까지 합산하면 잠재적 진보 지지층은 보수 콘크리트 지지층 40%에 필적하는 규모다.

요약하면, 콘크리트 지지층은 보수 40%, 진보 35%로 진보 진영이 열세로 보인다. 그러나 중도 25% 가운데 5%는 투표 성향상 콘크리트 지지층에 버금가는 열성적 진보 진영 지지층이라고 보아도 크게 무리가 없다. 이 5%를 감안하면 선거에서 보수와 진보는 40 대 40의 박빙 구도가 형성된다. 나머지 중도 20%는 이런 맥락에서 부동층浮動層이라고 할 수 있다.

중도층 25% 가운데 '항상적 진보 투표층' 5%가 숨어 있다는 것을 어떻게 증명할 수 있을까? 먼저 이론적 논의부터 시작해보자. 앞서 이념 성향상 중도층은 양대 진영에 대한 상충적 태도를 그 특징으로 한다고 했다. 한국의 정치 현실을 감안하면 이들은 기본적으로 양비론적인 상충적 태도가 강할 것이다.

한편 이념 성향상 보수 유권자는 기본적으로는 현실 수긍형들이 많다. 현실에 불만은 있지만, 이를 바꾸기 쉽지 않고 개혁은 또 다른 문제점을 낳을 것이므로 현실을 인정하는 경향이 강하면 보수로, 현실을 부정하고 이를 개혁하려는 의지가 강하면 진보로 분류하는 것이 본래의 이념 분류다. 그래서 보수 성향 유권자들은 보수 진영에 대해 안정적인 지지를 보낸다.

반면 진보 성향 유권자들은 진보 진영에 대한 충성심이 보수 성향 유권자들만큼 안정적이지는 않다. 이들은 정치권의 진보 진영에 대해서도 여전히 불만이 많기 때문이다. 그래서 이들 가운데 일부는 자신을 진보 성향 유권자로 분류하는 것에 불만을 갖는다. 이들은 자신의 양비론적 태도를 근거로 스스로를 중도로 인식한다. 그래서 이들이 이념 성향을 묻는 질문에 중도라고 응답할 가능성이 보수 성향 유권자가 그렇게 대답할 가능성보다 높다.

그런데 이들은 진보도 싫고 보수도 싫어서 중도라고 대답하지만 실상 보수를 더 싫어한다. 진보도 싫어하지만 보수만큼 싫어하지는 않는다. 그래서 이들이 투표하러 나와서 보수 진영 후보를 찍을 가능성은 거의 없다. 이들은 보수가 미우면 투표하러 와서 진보 진영 후보를 찍는다. 상황에 따라 진보 진영도 맘에 들지 않으면 기권한다. 그래서 이념 성향상으로는 중도로 분류되지만, 투표 행태 면에서는 진영론에서 가정하는 진보 성향 유권자와 동일한 패턴을 보인다. 그래서 이들을 '중도에 숨은 진보 지지 유권자'라고 할 수 있다. 사실 '숨은'이라는 형용사를 즐겨 사용하는 선거 전문가 치고 선무당 아닌 사람이 드물지만, 더 적절한 명칭을 찾지 못했다. 물론 '숨은'이라고 할 때, 이들이 자신의 진보적 이념을 숨기고 중도라고 거짓으로 응답한다는 의미는 아니다.

이들은 보수와 진보, 양 진영에 공히 비판적이라는 점에서 본래 의미의 진보 성향 유권자와 구분된다. 그렇다고 순수 중도층도 아니다. 진보와 보수를 거의 비슷한 정도로 싫어하거나 좋아하는 것이 아니라 보수를 훨씬 더 싫어하기 때문이다. 그래서 이들이 기권할 가능성과 진보 후보에게 투표할 가능성은 반반씩이지만 보수 후보에게 투표할 가능성은 제로다.

이들은 중도 성향 유권자와도 다르고 진보 성향 유권자와도 다르다. 그래서 진보 성향 유권자라고도 부를 수 없어 '진보 지지 유권자'라고 제3의 명칭을 부여한 것이다. 이념 성향상 진보 지지층은 아니지만 투표하러 가면 진보를 지지하는 유권자라는 의미다. 다른 말로는 '항상적 진보 지지 중도층' 정도가 적정할 것도 같다.

어떻게 설명하든, 진보인가 하면 진보와 다르고 중도인가 하면 중도와도 다른 항상적 진보 지지 유권자가 존재하기는 하는 것일까? 존재한다면 그 규모는 어느 정도일까? 보수와 진보, 그리고 중도라는 뚜렷하게 구분되는 세 가지 이념 집단도 각각 어느 정도로 존재하는지 그 비중을 특정하기는 쉽지 않다. 하물며 진보 지지 중도층이라는 중간자적인 존재를 여론조사 자료 등을 통해서 특정하기는 불가능에 가깝다. 다만 선거 결과를 들여다보면 이들의 규모를 간접적으로나마 파악해볼 수 있다.

이들의 이념 성향 자체도 진보와 순수 중도의 중간자적이지만, 특히 이들을 진보나 중도 성향 유권자들로부터 구분하는 핵심은 투표 행태다. 진보 성향 유권자는 항상 투표하러 와서 진보 후보를 찍는다. 순수 중도층은 투표하러 갈 수도 있고 기권할 수도 있지만, 상황에 따라 진보 후보를 선택할 수도, 보수 후보를 선택할 수도 있다. 진보 지지 중도층은 기권과 진보 지지 사이를 오간다는 점에서 이들과 차이가 난다.

진보와 보수의 잠재적 지지율이 50 대 50이라는 근거로

2010년 지방 선거의 정당비례대표 득표율을 들었다. 당시 54대 46으로 진보 진영이 앞섰다. 18대 대선 직전 치러진 2012년 총선과 2014년 지방자치단체장 선거를 살펴보자. 먼저 2012년 총선에서의 정당비례대표 득표율은 새누리당 42.8%, 자유선진당 3.2%, 민주통합당은 36.5%, 통합진보당은 10.3%, 진보신당 1.1%였다. 충청권 지역 정당의 성격을 지닌 자유선진당의 득표를 모두 보수 진영의 표로 인정하면, 새누리당과 자유선진당 두 보수 정당의 득표율은 46%, 진보 진영의 세 정당은 48%를 득표했다. 진보 진영이 약간 우세지만 다시 50 대 50이다.

2014년 지방 선거의 득표율은 새누리당 47.2%, 민주당 40.1%, 통합진보당 4.1%, 정의당 3.5%였다. 자유선진당이 새누리당과 합당해 이제 새누리당의 득표율 47.2%가 보수 진영의 득표율이 되고, 진보 진영 득표율은 세 당을 합쳐 47.7%로 역시 50대 50이다. 한 치 앞을 보기 힘든 박빙 구도다.

18때 대선을 전후로 대선까지 포함하여 모두 네 차례의 선거가 있었다. 2010년 지방 선거, 2012년 총선, 2012년 대선, 2014년 지방 선거. 이 가운데 대선을 제외한 세 번의 선거에서 모두 진보 진영이 정당비례대표 투표에서 박빙이기는 하지만 더 많은 표를 얻었다.

보수 진영이 승리한 18대 대선이 오히려 예외적이다. 이유는 문재인 후보의 친노 디스카운트 때문일 가능성이 높다. 18대 대선은 노무현 정부와 이명박 정부에 대한 회고적 투표가 강하게 나타난 선거였다. 박근혜는 이전 이명박 정부와의 차별화에 일정 정도 성공했지만, 노무현 정부의 2인자로 인식된 문재인은 그러지 못했다. 지방 선거의 정당비례대표 득표율과 10% 이상 격차가 벌어진 이유의 일정 부분은 이러한 후보 요인에 기인한다.

어찌되었든, 대선을 제외한 최근 세 차례의 선거로부터 유추할 수 있는 것은 정치 지형상 보수와 진보는 박빙이다. 적어도 진보에게 불리한 운동장이라는 근거는 어디에도 없다. 콘크리트 지지층만 보면 40 대 35로 진보가 불리하게 나타나는데, 실제 결과는 50 대 50의 박빙이거나 진보 진영이 약간 앞선다. 바로 이 점이 중도층 25% 가운데 5% 정도의 진보 투표 중도층이 존재한다는 정황적·간접적 근거가 될 수 있다.

콘크리트 지지층 40 대 35에 5%의 진보 지지 중도층을 합하면 40 대 40이다. 이제 남은 중도층 20%를 양 진영에서 각각 10%씩 가져면 50 대 50이 된다. 이상에서 논의한 결과를 바탕으로 하면 한국 정치 지형은 진보와 보수가 50 대 50으로 항상 초박빙 상태를 유지하고 있는 지형이다.

그런데 50 대 50의 정치 지형에서 대선 결과는 왜 그렇게 요동을 칠까? 기울어진 운동장이 아니라 양쪽에 공평한 '평평한 운동장'인데, 대선 결과는 왜 디스코 팡팡으로 나타날까? 대통령 선거에서 이겨 집권한 세력이 얼마나 국정 운영을 잘못했으면, 이 평평한 운동장이 하루 아침에 디스코 팡팡이 되어 집권 세력을 날려버릴까?

이 50 대 50의 균형 상태를 디스코 팡팡으로 전환시킨 또다른 주역은 최소 20%로 추정되는 중도 유권자, 스윙보터들이다. 이들은 자신을 정중앙 중도라고 밝히는 평균 35%의 유권자보다 그 수가 적다. 이 20% 순수 중도층은 상황에 따라 보수나 진보 모두를 지지할 수 있다는 점에서 사전적 의미의 스윙보터라고 할 수 있다. 이들 20%가 16대 대선에서는 보수보다 진보를 약간 더 지지하는 것으로 나타났다. 그래서 47 대 53이 된 것이다. 17대 대선에서는 이들 대부분이 보수를 지지했고, 따라서 65 대 35로 보수가 압승했다. 18대 대선에서는 다시 경합 구도로 돌아왔다. 그러나 16대와는 달리 보수 지지가 약간 더 많았다. 그 결과 51.6 대 48로 보수가 3.6% 앞섰다.

이러한 분석과 추정이 현실과 크게 다르지 않다고 생각하는 이유는 그동안의 대선 결과와 부합하기 때문이다. 16대 대선에서는 진보가 6% 정도 앞섰다. 10년 후인 18대 대선에서는 보수가 3.6% 앞섰다. 대략 그 변화의 폭은 10% 정도다. 앞서 2장에서 2002년 진보 진영에 투표한 53% 중 대략 5분의 1인 10% 정도가 2007년에 이어 2012년에도 보수 후보에게 투표했다는 사실을 밝혔다. 이들 10%가 최근 세 차례의 대선 승패를 결정지은 핵심적 유권자 집단이다.

기울어진 운동장을 주장하는 진보 인사들은 이를 통해 진보의 패배를 보수 우위의 유권자 성향으로 돌리고 더 나아가 한국 정치 지형 자체가 자신들에게 불리하게 형성되어 있다고 주장하는 근거로 삼는다. 그러나 이것은 유권자 특성의 차이다. 안정적이지만 급격한 확장 가능성도 없는 것이 보수 진영 지지자들이라면, 상황에 따라 출렁이면서 악재를 만나면 곤두박질치고 호재에는 급격히 반등하여 과반을 넘어서는 것이 진보 진영 지지자들의 특성이다. 이 점이 가장 극명하게 증명된 것이 16대 노무현 대통령의 당선이다. 이외에도 이명박 정부 시절 각종 중간 평가적 선거에서 여론조사에서는 최소 10% 이상, 최대 20% 이상 열세를 보이면서도 막상 투표함을 열어보면 적지 않은 차이로 민주당 당선자들을 만들어내는 것이 진보 진영 지지자들의 특성이다.

따라서 '안정적이지만 확장력이 떨어지는 보수' '불안정하지만 폭발적인 확장력을 지닌 진보'로 각 진영 유권자들의 특성을 규정할 수 있다. 진보 지지 유권자들의 또 다른 특성은 20~40대·도시 지역 거주자·화이트칼라 계층에 많다는 점이다. 이런 특성의 차이를 유불리로 치환하는 것은 바람직한 태도가 아니다.

나이가 들면
지지 정당이 바뀔까

18대 대선에서 박근혜 후보의 당선을 설명하면서 보수결집론이 정설처럼 받아들여졌다고 밝혔다. 그러나 실증적 근거가 없는 착시 현상이거나 허구라는 점도 설명했다. 유권자들이 나이가 들면서 보수화된다는 보수화 가설 역시 실증적 근거가 없기는 마찬가지다. 게다가 이의 정치적 함의는 매우 위험하기까지 하다. 이 반론의 근거는 다음의 세 가지다.

첫째, 나이가 들어가면서 보수화된다는 가설이 일반화할 수 있는 사실이라면 18대 대선에서 진보 진영의 대약진을 설명하지 못한다. 17대 대선을 보면 나이 들면서 보수화되는 것이 사실인 듯하다. 그러나 18대 대선과 17대 대선을 비교하면 결론은 정반대로 뒤집힌다. 2012년 18대 대선 때 동일한 유권자는 연령이 5세 높아진 것이 분명하다. 그러나 2007년에 비해 진보 진영은 비약적인 결집을 한다. 16대와 17대 대선 사이의 변화는 설명할 수 있지만 17대와 18대 대선 사이의 변화는 설명할 수 없다는 점에서 이 가설은 일반화될 수 없다.

둘째, 16대 대선 당시 60대의 40%가 진보 진영 후보에게 투표했다. 당시 60대의 보수화 정도는 그로부터 13년이 지난 현재의 60대보다 훨씬 덜하다.

나이가 들면서 보수화된다는 것은 일상생활에서는 맞는 얘

기일 수 있다. 그러나 정치 성향에도 영향을 미쳐 진보 정당을 지지하던 사람이 나이가 들면 보수 정당을 지지한다는 것은 또 다른 문제다.

고령화에 따른 보수화 가설을 반박하는 세 번째 근거는 한 국 정치 지형의 연속성과 변화다. 이 세 번째가 가장 중요하고 실증적인 근거라고 생각한다. 16대 대선 때 53 대 47로 진보 진영이 유리해 보이던 정치 지형은 17대 대선에서 35 대 65로 보수 우위의 지형으로 급격히 변화했다. 하지만 비례대표 득표율에서는 진보 진영이 한 표라도 많이 득표했다. 나이가 들어 보수화되는데, 이 현상이 대선에서만 나타나고 지방 선거와 총선에서는 나타나지 않는다. 더군다나 지방 선거와 총선은 고령층 참여 비중이 높다. 젊은층의 투표율이 높아져 상대적으로 고령층의 영향력이 줄어드는 대선에서만 보수화 가설이 증명되는 이 역설적인 현상을 어떻게 설명해야 하는가?

따라서 보수화 가설은 믿을 만한 근거가 없다. 앞서 밝혔듯이, 외국의 연구 사례들을 보면 나이가 들면서 보수 정당을 지지하게 되기보다는 같은 정당을 계속 지지할 가능성이 훨씬 높다. 연령이 높을수록 보수 정당을 지지하는 비율이 더 높은 것은 분명하다. 그러나 나이가 들면서 지지 정당이 바뀐 것인지, 아니면 세대 효과 가설이 주장하듯 이들이 원래 더 보수적이었던 것인지 여전히 불분명하다.

이 가설을 현실에서 검증하려면, 지금 가장 진보적이라 불리는 30대가 60대가 되기를 기다려야 할 것 같다. 미국에 이와 유사한 연구가 있다. 1930년대 뉴딜을 경험한 청년 세대가 60대, 70대가 되었을 때도 여전히 진보 진영 지지율이 가장 높았다. 고령화 가설을 반박하고 세대 효과를 주장하는 학자들이 항상 현실적 근거로 삼는 사례다.

경쟁하는 설명 간의 논쟁이 이론적 수준에서 마무리되지 않는 상황에서, 현실적인 타협책은 절충적 입장을 취하거나 구체적으로는 평균치를 취하는 것이다. 이에 대해서는 앞서 소개한 바 있다. 이 최소추정치 방식을 따르면 2002년과 2012년 사이에 보수화되었다고 할 수 있는 유권자 규모는 평균 10% 정도다. 우연인지 모르겠지만 이 10%는 40대의 보수화 수치다. 그러나 젊은층이 나이가 들어 40대부터 보수화가 진행된다는 주장은 현실적으로 무리가 있다. 이제 40대는 사회적으로 고령층으로 구분되지도 않고 그러한 대접을 받지도 않는다. 그런데 나이가 들어 40대가 되면서 보수화된 것이라고 주장한다면, 한국 진보 진영의 미래는 없다. 다만 40대를 기준으로 하면 40대와 50대 이상에서 나타난 보수화의 차이인 약 4%를 고령화 효과로 간주할수는 있다. 즉 전체 인구가 아니라 50대 이상 유권자에서 나타난 보수화 비율 14% 가운데 4%를 고령화 효과로 간주하고, 나머지 평균치인 10% 이하는 노무현 정부 경험에 의한 보수화로 간주하는 것이다. 이 방식과 수치를 따르면, 고령화에 따른 보수화가 향후 선거 판세에 미치는 영향력은 그다지 크지 않다. 앞서 밝혔듯이 유권자의 40%에 달하는 20~30대 유권자의 투표율이 10% 상승한다 해도 전체 득표율에 미치는 영향력은 1~2%다.

만약 50대 이상이 전체의 40%를 점한다면, 이 가운데 4%는 전체의 1.6%고, 유효 투표 수를 3천만 표라고 할 때, 48만 표다. 보수 진영은 선거 때마다 이 정도의 어드밴티지를 갖는 것이다. 의미 없다면 의미 없을 정도로 작은 수치다. 보수화 비율을 8%로 두 배 늘려 잡으면 1백만 표 정도가 된다. 고령화에 따른 보수화 가설이 맞든 아니든, 그 영향력을 추정하면 그렇다는 것이다. 즉 연령면에서 국민의 평균에 가까운 40대까지는 나이가 들어서 보수화된다고 하기는 어려우니 50대 이상에만 한정하고, 이들 가운데 8% 정도가 이번 선거와 다음 선거 사이에서 보수화된다고 가정하면, 대선 때마다 100만 표 정도의 보수 진영 어드밴티지가 생기는 것이 보수화가 선거에 미치는 영향력이다.

**몰락하는
진보**

지금까지 살펴봤듯이 한국의 정치 지형은 진보에게 불리하지 않다. 그런데 왜 진보 진영은 정권을 탈환하지 못한 데 이어 보궐 선거에서도 연패를 하며 위기에 처한 것일까?

노무현 정부 5년 동안 마이너스 832만 표, 이명박 정부 5년 동안 마이너스 571만 표였다.

만약 이후에도 정권 심판 선거, 승자의 저주가 계속된다면 다음 대선에서 보수 진영의 정권 재창출은 불가능에 가깝다. 그런데 18대 대선 이후, 박근혜 정부에서 치러진 일련의 선거 결과를 보면 정권 심판과는 다른 모습을 보여주고 있다. 집권 세력이 아니라 야당과 진보 진영의 참패가 이어지고 있다. 정권 심판 선거의 퇴조가 뚜렷한 것이다.

2013년 국회의원 3석이 걸려 있던 4·24 재선거와 2석이 걸려 있던 10·30보선에서 야당은 단 한 명의 당선자도 내지 못했다. 무소속 안철수의 당선이 그나마 위안이었다.

15석이 걸린 2014년 7·30재보선에서는 4석을 얻는 데 그쳤다. 영호남을 제외한 중부권의 9석 가운데는 1석밖에 얻지 못한 참패를 겪었다. 2015년 4·29 재보선에도 새정치민주연합은 4석 가운데 한 석도 건지지 못했다. 특히 그동안 진보 진영의 강세 지역으로 분류되던 서울 관악을과 성남중원에서의 패배는 예상을 뒤집는 결과였다.

박근혜 정부 출범 이후, 이전까지 한국 선거의 기본 특징이었던 정권 심판과 승자의 저주 현상이 사라지고 있거나 최소한 영향력이 심각하게 약화되고 있는 것은 분명하다. 이러한 경향은 이명박 정부에서도 일부 나타났는데, 노무현 정부에서 집권 여당이 거의 모든 선거에서 참패한 것에 비하면 상대적으로 양호한 성적이었다. 그런데 이 흐름이 박근혜 정부에서는 더욱 강해지고 있다.

이런 현상이 우연일까? 전략의 잘못이나 구도의 문제 또는 후보의 자질 문제 등 패배의 원인은 다양하다. 그러나 패배가 반복되고, 이것이 하나의 흐름을 형성한다면 얘기는 달라진다. 패배의 원인은 하나다.

먼저 2012년 이전의 정권 심판 선거가 작동하게 된 메커니즘을 살펴볼 필요가 있다. 18대 대선까지는 집권 세력의 독선적이거나 일방적인 국정 운영이 심판의 대상이었으며 선거의 핵심 쟁점이었다. 노무현 정부에서는 친노-386 중심의 코드 인사, 이에 기반한 독선적 국정 운영이 심판 대상이었다. 이명박 정부 역시 '강부자, 고소영' 정권이라는 비판이 높았고, 이것이 정권 심판이라는 선거 결과로 이어졌다. 그렇다면 박근혜 정부는 어떤가? 코드 인사, 진영 논리에 근거한 독선적 국정 운영을 하고 있지는 않은가? 수첩 인사, 비선 조직 논란, 문고리 권력으로 요약되는 폐쇄적 국정 운영에 대한 불만이 그 어느 때보다 높다. 역대 어느 정부와 비교해도 집권 여당에 치명상을 줄 수 있는 메가톤급 악재, 세월호 참사도 있었다.

박근혜 정부에서도 이전 정부에서 정권 심판 선거를 작동시킨 원인과 메커니즘이 동일하게 나타나고 있다. 박근혜 정부가 국정 운영을 잘하거나 악재가 없어서 정권 심판의 영향력이 줄어들고 있는 것이 아니다. 그렇다면 이는 선거 환경이나 선거와 직결된 여타 구조적인 변화 때문일 수 있다. 이와 관련하여 길게는 1987년 이후, 짧게는 2002년 대선 이후 눈에 두드러지지는 않지만 지속적으로 나타나고 있는 한 가지 뚜렷한 변화에 주목할 필요가 있다.

정치적 쟁점에서 경제적 쟁점으로

노무현 정부 이후 이명박 정부를 거쳐 박근혜 정부에 이르는 기간 동안, 선거와 직결되는 변화 가운데 가장 두드러진 것은 선거결과를 가르는 핵심 쟁점의 변화다. 이 기간 동안 정치적 쟁점의 영향력은 점차 퇴조하고 대신 사회적 자원의 재분배와 관련된 경제적 쟁점의 영향력이 지속적으로 상승해왔다. 사실 정권 심판적 선거는 그 성격상 정치적 선거이고, 정치적 쟁점이 승패를 가르는 선거다. 그러나 이 10년 동안 정치적 쟁점 대신 경제적 쟁점들이 선거의 핵심 쟁점으로 부상하고, 그 영향력이 증대해왔다.

　17대 대선에서 경제를 내건 이명박의 압승이 대표적인 사례다. 이명박의 친서민 중도 실용 노선은 이러한 국민적 정서를 자신에 대한 지지로 결집시키는 역할을 했다. 이명박의 압승 자체가 이제 정치가 아닌 경제가 국민 요구에 더 부합했던 것이다.

노무현 정부의 종합부동산세, 2008년 총선의 뉴타운, 2010년 지방 선거의 무상급식이 또 다른 예다. 이는 돈의 문제, 즉 누구한테 세금을 걷어 어디에 쓸 것인가에 관한 문제다. 경제 발전과 분배 둘 다 해당 선거의 승패를 가른 핵심적 쟁점이었고, 이를 내건 진영이 승리했다.

박근혜 정부에서 대표적인 경제적 쟁점은 공무원연금 개혁과 노사정위원회에서 논의되고 있는 노동시장 개혁을 들 수 있다. 이명박 정부와 박근혜 정부의 보수적 성격에는 변함이 없다. 그렇다고 박근혜 정부가 상대적으로 국정 운영을 더 잘하고 있는 것도 아니다. 그럼에도 불구하고 여당이 아니라 야당이 국민의 심판을 받았다. 특히 2015년 지방 선거의 경우 박근혜 정부가 잘해서 여당이 이겼다고 생각하는 사람은 특별한 치료가 필요하다는 데 이견이 없을 것이다. 그럼에도 불구하고, 국정 아젠다에 대한 국민 여론이라는 측면에서 볼 때 보수 진영이 진보 진영에 비해 우세한 것이 두 가지 있다. 바로 공무원연금 개혁과 노동시장 개혁이다.

이 두 가지 경제적 쟁점의 파괴력은 어디서 나오는 걸까? 정권 심판의 영향력이 약화되는 원인 중 하나는 87년 체제의 또

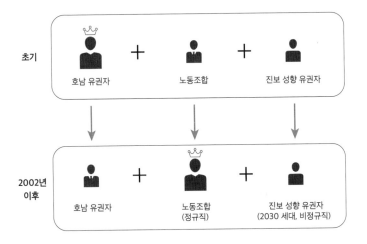

진보 진영을 구성하는 집단

초기: 호남 유권자 + 노동조합 + 진보 성향 유권자

2002년 이후: 호남 유권자 + 노동조합 (정규직) + 진보 성향 유권자 (2030 세대, 비정규직)

다른 산물인 선거연합의 붕괴 가능성이다. 공무원연금 개혁과 노동시장 개혁은 그중에서도 진보 진영 선거연합을 약화시키는 기능을 한다. 경제적 쟁점의 부상을 주목하는 이유도 여기에 있다. 경제적 쟁점의 부상이 정권 심판 선거를 떠받치는 가장 중요한 기둥 가운데 하나인 진보 진영 선거연합을 약화시키고 있을 가능성 때문이다.

선거연합이란 무엇인가? 1987년 민주화 이후, 적어도 16대 대선부터 한국의 선거는 보수 대 진보의 대결로 치러졌다. 이 양자 대결 구도에서 4천만 유권자는 각기 다른 이유로 둘 중 한 진영을 선택한다. 특정 진영을 지지한다는 점에서는 같지만, 지지하는 구체적인 이유는 천차만별이다. 말 그대로 '4천만 유권자의

선택에는 4천만 개의 스토리가 있다.'

　4천만 개의 다양한 이유가 있지만 그 이유에 따라 유권자를 몇 개의 대표적인 집단들로 분류할 수 있다. 호남 혹은 영남 같은 지역 집단일 수도 있고, 2030 세대 같은 세대 집단일 수도 있다. 이들 집단이 특정 진영을 일정 기간 이상 지지하는 경향을 보이면, 이들을 하나의 지속적 실체로 보고 선거연합이라 부른다. 1980년대 민주화 운동의 결실로 탄생한 소위 87년 체제의 핵심은 두 가지다. 하나는 대통령제와 소선거구제에 기초한 양당 체제이고, 다른 하나는 보수와 진보 양자 대결 선거연합의 등장이다.

　진보 진영 선거연합(이하 진보연합)은 민주화 운동의 한 축이었던 호남 지역, 민주노총과 전교조 등 노동조합 기반의 노동 운동 세력, 그리고 정치 성향상 진보적인 유권자, 이 3자의 결합으로 완성되었다. 3자 연합체인 진보연합의 초기 패권은 호남 지역이 쥐고 있었다. 이후 노동 운동을 주도하던 대기업과 공공 부문의 정규직 노조들이 핵심 세력으로 성장했고, 이후 이들이 진보 진영 전체의 패권을 장악했다. 시기적으로는 노무현 정부의 출범과 이로 인한 친노-386의 패권 장악과 맞물려 있다.

　진보 진영을 지지한다는 공통점은 있지만, 이들 3자는 진보 진영을 지지하는 이유나 사회경제적 지위 등 성격이 서로 다르다. 다시 말해 하나의 선거연합 내에 이질적인 집단들이 공존하고 있다. 이것이 선거연합의 기본적인 특징 가운데 하나다. 단일 세력으로만 구성되었다면 선거연합이라고 불리지 않는다.

이 선거연합도 다른 생명체와 마찬가지로 생성, 성장, 진화, 소멸의 과정을 거친다. 특정 시기를 가르는 균열 구조와 시대정신에 따라 선거연합이 형성되고, 일정 기간 지속된다. 그리고 세상이 바뀐다. 새로운 균열 구조가 더 중요해지고, 시대정신도 달라진다. 세상의 변화로 인해 선거연합 내 구성원들 사이에서 이해관계의 충돌도 발생한다.

어느 시점부터 민주-반민주 대립 구도가 진보-보수 구도로 변하고, 정치적 쟁점보다 양극화, 청년 실업 등과 같은 경제적 쟁점들이 중요한 쟁점으로 부상했다. 대립 구도의 변화와 이해관계의 충돌로 인해 과거의 동지들 사이에서 이합집산이 시작된다. 박근혜 정부에서 핵심적 국정 아젠다로 부상한 공무원연금 개혁과 노동시장 개혁의 중요성이 여기에 있다. 87년 체제로 형성된 보수와 진보 양 진영의 선거연합은 기본적으로 민주 대 반민주, 또는 민주화 대 산업화 세력 간의 대립 구도를 기본 축으로 한다. 그런데 민주 대 반민주라는 대립 구도는 기본적으로 정치적 대립 구도다. 그래서 정치적 균열이 가장 중요한 선거 쟁점인 경우에는 절대적인 영향력을 발휘한다.

그러나 새롭게 부상하는 경제적 쟁점들, 특히 연금과 노동시장 개혁은 이 대립 구도를 무의미하게 만든다. 우리 사회가 가지고 있는 사회적 자원을 어떻게 재분배할 것인가가 경제적 쟁점들의 핵심 질문인데, 여기에 정치적 대립 구도는 영향력을 미치기 어렵기 때문이다. 사회적 자원의 재분배라는 경제적 쟁점들은 이전까지 단일의 연합체처럼 보이던 선거연합 내부의 갈등 관계를 드러낸다. 특히 이 두 가지 쟁점의 경우 진보 진영 내 구성원들 간의 내부 갈등과 이해의 충돌을 적나라하게 드러내는 역할을 한다.

공무원연금 개혁과 노동시장 개혁은 특히 정규직 노조 중심 좌파의 이해관계와 직접 맞닿아 있다. 이들의 저항은 당연한 것이다. 문제는 진보연합을 구성하고 있는 다른 두 축이다. 공무원연금·노동시장 개혁이라는 이 두 가지 경제적 쟁점에서 호남 유권자들이 영남 유권자들과 이해관계가 다를 이유는 없다. 또 다른 축인 진보 성향 유권자의 주축은 2030 세대다. '88만 원 세대'로 불리는 이 세대의 80% 가까이는 중소 하청업체에 근무하거나 비정규직 아르바이트로 허덕이고 있다. 이들 대다수는 대기업 정규직 중심의 좌파 기득권과 경제적 이해관계가 일치하지 않는 정도가 아니라 서로 충돌한다.

진보 진영 선거연합의 패권을 쥔 좌파 기득권은 우파 기득권이 경영하는 기업의 정규직들로, 기업이 획득한 이윤이라는 전리품을 나누어 갖는 집단을 지칭한다. 같은 정규직이라 해도 전리품 분배 과정에 참여하지 못한다면 기득권 세력이 아니다. 그래서 기득권인가 아닌가는 사회에 기여한 몫보다 더 받고 있는가 덜 받고 있느냐로 갈린다. 기여한 몫보다 더 받고 있는 세력이 기득권이다.

우파 기득권과 좌파 기득권 모두의 존립 근거인 재벌과 대기업의 이윤은 어디에서 나오는가? 한국 사회에서 이들이 얻는 이득이 순전히 경제적인 수요와 공급 법칙에 의해 결정된다고 믿는 경제학자는 없다. 독점, 정치 권력에 대한 로비, 불공정한 계약 등을 동원하여 이득을 얻는 것이다. 원래는 하청업체와 저임금의 비정규직에게 돌아가야 할 몫이 이런 식으로 기득권 집단에게 돌아간다. 불공정한 갑을관계를 통해 경제적 약자들로부터 우파 및 좌파 기득권으로 소득이 이전되는 것이다.

이들 좌파와 우파 기득권은 정치적 대립 구도를 중심으로 선거가 진행될 때는 각각 진보 진영과 보수 진영 선거연합에 속해 대립적이다. 그러나 경제 민주화, 원청기업과 하청기업의 불공정한 관계 등 경제적 이해관계가 쟁점이 될 때는 이해관계가 일치한다. 적대적 공생관계라는 용어가 있다. 상호 적대적이긴 하지만, 상대방이 존재하지 않으면 나도 존재하지 못하는 의존과 공생의 관계다. 적대적 공생관계는 냉전 시대 미국과 소련의 군부와 군산복합체의 관계를 설명하는 개념이기도 하다. 겉으로는 서로 잡아먹을 듯이 으르렁대지만 실제로는 서로가 서로를 절대적으로 필요로 한다. 네가 없으면 나도 없다.

좌파 기득권은 우파 기득권인 기업이 가져온 이윤이라는 전리품을 함께 나눈다. 그러나 전리품 배분 과정에는 노사분규 등 갈등이 존재한다. 누가 더 많이 가져갈 것인가와 같은 문제를 놓고 서로 많이 가져가려 싸우기 때문에 일견 적대적으로 보인다. 그러나 재벌기업이 하청기업에서 전리품을 빼앗아오지 않으면 정규직이 가져갈 몫도 그만큼 줄어든다. 즉 전리품 분배라는 최종 단계에서는 적대적이라도 전리품 획득 단계에서는 이해가 일치한다.

또한 진보 진영 선거연합에 함께 속하지만, 좌파 기득권과 88만 원 세대의 이해관계는 적대적이다. 좌파 기득권이 우파 기득권과 나누는 전리품은 88만 원 세대가 속한 하청기업이나 비정규직들의 희생에 기반한 것이다. 좌파 기득권과 88만 원 세대는 민주 대 반민주 구도에서는 보수 진영 선거연합이라는 공동의 적과 상대하는 연합군이지만, 경제적 쟁점이 핵심 현안이 되면 서로 적이 된다.

진보 진영 선거연합에 속한 핵심적인 세 집단, 즉 좌파 기득권, 호남 유권자, 2030 세대 간의 이해관계가 일치하지 않을 뿐만 아니라 서로 적대적일 수 있다는 점을 단적으로 부각시킨 것이 공무원연금 개혁과 노동시장 개혁이다. 선거의 핵심 쟁점 변화는 이런 메커니즘을 통해 선거연합의 붕괴와 해체라는 지각변동을 초래하는 것이다.

해체와 붕괴까지는 아니라 해도 이는 연합에 속한 구성원들의 충성심과 정치적 동원력을 저하시킨다. 88만 원 세대 입장에서는, 나와 좌파 기득권의 이해를 대변하는 정치 세력의 승리를 위해 투표에 참여할 동인을 급속하게 약화시키는 것이다.

지각 변동이 아무 징후 없이 오지는 않는다. 경제적 쟁점들이 우리 사회의 핵심 현안으로 부각되고 있다는 신호는 이미 오래전부터 있어왔다. 노무현 정부의 종합부동산세 논쟁, 경제 중심과 친서민 실용주의를 내건 이명박의 대통령 당선, 2010년 지방 선거의 무상급식, 18대 대선의 경제 민주화와 복지 이슈 등이 한국 사회의 기본 대립 구도가 정치에서 경제적 균열로 옮겨가고 있다는 신호였다. 다만 우리가 그 징후의 의미를 정확히 알지 못하고 있었을 뿐이다.

경제적 쟁점의 부상은 정치적 대립 구도를 중심으로 형성된 진보와 보수 진영 선거연합의 내적 붕괴와 새로운 이합집산을 초래하는 메가톤급 파괴력을 가지고 있다. 그 대표적인 사례가 1930년대 미국에서 흑인들이 민주당을 지지하기 시작한 일이다.

1860년대 링컨의 노예 해방으로 인해, 흑인들은 그동안 미국 공화당의 가장 강력한 지지 세력이었다. 그러나 1930년대 대공황과 뉴딜 시대를 겪으며 이들은 공화당 지지 대열에서 이탈한다. 지주와 기업가들의 이해를 우선시한 공화당에 대한 실망과 뉴딜을 주도한 민주당에 대한 호감이 맞물려 민주당으로 말을 바꿔 탄 것이다. 이로부터 거의 한 세기가 지난 지금까지 흑인들은 민주당의 가장 강력한 지지 기반으로 유지되고 있다.

박근혜 정부에서 치러진 일련의 선거에서 진보 진영은 패배를 거듭하며 지리멸렬함을 면치 못하고 있다. 그리고 이는 선거 전략의 실패나 지도부의 잘못이라는 일회성 요인들이 아닐 가능성이 매우 높다. 정권 심판이라는 한국 선거의 기본 특징이 유지되고 있다면 일어나기 힘든 일들이 반복되고 있기 때문이다. 재보선의 특징인 낮은 투표율과 진보 성향 유권자들의 특성 탓으로 돌리기에도 석연치 않다. 그것만으로는 같은 보수 성향인 이명박 정부에서 치러진 선거보다도 현저하게 나쁜 결과가 나타나는 원인을 설명하기 어렵다.

그렇다면 왜 이런 결과가 나타나는 것일까? 경제적 쟁점이 부상하면서, 87년 체제의 핵심인 민주 대 반민주에 기반한 진보와 보수라는 양 진영 선거연합이 붕괴와 해체 과정의 전단계인 충성심 약화와 부분적 이탈 단계로 진입하고 있는 것이다. 그 결과가 진보 진영의 반복적인 패배다. 구체적으로는 호남 유권자와 2030 유권자의 이탈 또는 투표 불참이 원인이다. 직접적인 원인은 진보연합의 패권을 쥔 좌파 기득권과 이들의 경제적 이해관계가 일치하지 않거나 적대적이기 때문이다. 따라서 진보 진영이 지금의 반복적인 패배를 극복하기 위해서는 진보연합 내부의 이해관계 불일치 문제를 해소해야 한다. 진보연합의 이 갈등이 해소되지 않는다면 특히 2030 유권자의 이탈과 보수 진영으로의 투항이 가속화될 것이다. 진보의 몰락이 더 가팔라지면서 회복 불능의 상태에 이르게 될 수도 있다.

03

한국의 미래,
정치의 미래

3부에서는 위기에 빠진 한국 정치의 문제를 진단하고 이를 어떻게 바꿀 것인가를 논의한다. 먼저 한국 정치의 문제는 무엇인가?

2002년 이후 군부독재와 민주화 세력 간 대결, 영호남 지역 대결 양상은 갈수록 약해지고 있다. 이념 진영 간 대결로의 재편은, 마르크스의 표현을 빌리면 계급전쟁의 전면화를 의미한다. 이런 연유로 무상급식 논쟁, 증세와 복지, 이와 관련된 재정 건전성 등 경제적 이해관계에 직결되는 이슈들이 선거의 최대 쟁점으로 부상하게 되었다.

선거와 국정 운영이 좌우의 대결 양상으로 전개될수록, 그 폐해는 국민의 생활 전반에 영향을 미치게 된다. 이 때문에 사회적 대타협이 절대적으로 필요하다. 하지만 사회적 대타협은 좌우 기득권 세력의 상호 양보가 전제되어야만 성공할 수 있다. 이를 견인하는 것이 정치의 역할이다. 정치권의 보수 진영은 우파 기득권의 양보를 설득하고, 진보 진영은 좌파 기득권의 양보를 견인해내야 한다.

그러나 우리 정치권은 좌우 기득권의 양보를 견인해내기는커녕 기득권의 나팔수로 전락한 지 오래다. 그들만의 정치 영역에서도 보수와 진보 간 대결 양상이 갈수록 극단적인 형태를 띠고 있다.

노무현 정부부터 현재의 박근혜 정부까지, 한국 정치는 이 한계를 극복하지 못하고 있다. 선거에서 무엇을 약속했든 집권 이후에는 좌우 기득권 세력의 충실한 대변자 역할을 수행한다.

보수 진영의 '증세 없이 복지 없다'는 슬로건의 숨은 주장은 복지를 줄이자는 것이다. 세금을 더 걷는다면, 자신들이 대변하는 기업가나 경제적 상류층이 대부분을 부담해야 한다는 것을 알기 때문이다. 그러면서 은연중에 중산층과 서민층을 협박한다. "복지를 늘이기 원하는가? 그래서 복지 좋아하는 진보 진영을 지지할 텐가? 그럼 당신부터 세금 더 낼 각오를 하라"가 이 슬로건의 뜻이다. 그러나 보수 진영은 이렇게 주장해야 한다. "지금의 낮은 복지 수준을 감안하면 복지를 대폭 확충해야 한다. 보통 사람들도 더 내야 하지만, 기업가들과 그래도 먹고살 만한 우리부터 세금을 더 내야 한다." 그렇다면 진보 진영은 어떻게 주장해야 하는가? "복지를 늘려야 한다. 법인세 인상도 인상이지만 그래도 먹고살 만한 우리, 즉 정규직인 중산층부터 세금을 더 내야 한다"고 주장해야 한다.

보수 진영이 주장해서 관철된 노령연금은 어떤가? 이 역시 재정 건전성 문제가 해결되어야 한다. 보수는 항상 재정 건전성을 걱정하는 것처럼 말한다. 그런데 재정 건전성을 위해서는 복지 축소도 하나의 대안이지만 증세 또한 유력한 대안이다. 자기 진영이 더 많이 부담해야 할 증세는 검토조차 하지 않기 때문에 복지 축소만 주장하는 것이다. 그러면서도 표를 의식해 노령연금은 밀어붙인다. 여기서 발생하는 재정 적자는 결국 2030 세대가 떠안게 된다. 2030 세대 입장에서는 복지 정책의 혜택은 전혀 받지 못하면서 재정 부담만 떠안게 되는 최악의 경우다.

정치가 자기 진영에 속한 기득권 세력의 대변자 역할을 하는 동안 기득권 세력에 속하지 못한 국민들은 자신을 대변해줄 정당이 없어 표류하고 있다. 박근혜 대통령이 물러나고 새로운 대통령이 취임하면 문제가 해결될까? 19대 대선에서는 제대로 된 대통령을 뽑으면 변화가 일어날까? 해결까지는 아니어도 조금이나마 완화될 수 있을까? 한국 정치가 직면한 가장 큰 문제는 대통령이 바뀐다고 문제가 해결되지 않는다는 사실이다.

근본적인 변화는 대통령이 아니라 제도에서부터 출발해야 한다. 유권자
의 뜻을 제대로 반영하지 못하고 있는 정치 제도와 양당 정치가 바뀌어
야 한국 정치가 변화할 수 있다. 그때 비로소 국민들은 진정한 대표자
를 갖게 될 것이다.

09

배신하는 정치,
불신하는 국민

다음 대선은
누가 이길까

다음 대선에서 보수 진영은 또다시 승리할 수 있을까? 지리멸렬한 진보 진영을 봤을 때 쉽지 않은 전망이지만, 나는 보수 진영이 패배한다는 쪽에 걸겠다.

2012년, 승자를 점칠 수 없는 박빙 승부에서 보수가 승리했지만, 사실 득표 수 차이 108만 표는 안심할 수 있는 수치가 아니다. 2002년 집권한 진보 진영은 2007년 대선에서 지지자 471만 명을 잃었다. 진영 간 대결의 관점에서 보면 마이너스 832만 명이다. 이명박 정부는 마이너스 571만 명이었다.

대선을 치를 때마다 최소 650만 표 이상의 표심 변화가 발생한다는 것이다. 표심 변화의 방향도 일관된다. 집권 세력에 대한 심판이다. 이 스윙보터 규모에 비하면 이번에 보수 진영이 더 얻은 108만 표는 보수 진영을 찍었던 유권자 가운데 60만 명만 표심이 변해도 정권 교체가 이루어질 만큼 적은 수다. 60만 명은 전체 스윙보터 6백만 명의 10분의 1에 불과한 수치다.

박근혜 대통령이 한나라당 대표 시절, 한나라당은 연전연승으로 열린우리당을 이겼고 박근혜 대표에게는 선거의 여왕이라는 별칭이 붙었다. 그러나 진정한 공신은 노무현 정부와 진보 진영이었다. 그리고 18대 대선에서 나타난 진보 대약진의 일등공신은 이명박 정부와 보수 진영이었다. 그럼에도 불구하고 박근혜 후보가 승리할 수 있었던 까닭은 여전히 남아 있던 진보 진영에 대한 불신이었다. 즉 2002년에 노무현을 선택했지만, 2007년에 이어 2012년까지 진보 진영 후보에게 돌아가지 않은 유권자층 덕분에 박근혜가 승리할 수 있었다.

19대 대선의 승패는 박근혜 정부에 달려 있다. 이런 맥락에서 박근혜가 진정한 선거의 여왕인가는 2017년에 판가름날 것이다.

그 척도는 국정 운영 지지율 45%가 될 것이다. 대선 때 투표했던 지지자들이 이탈하지 않는다면, 여론조사에 응하는 모든 사람이 국정 운영에 대해 긍정이든 부정이든 어느 한쪽으로 태도를 분명히 한다면, 마지노선은 50%가 되어야 하는데 10% 정도는 의사 표시를 하지 않는다. 나머지 90%의 절반인 45%가 잘했다고 생각하고 다른 45%가 잘못했다고 생각한다면, 19대 대선은 정권 심판이 아니라 어느 진영이 집권하면 더 잘할지를 평가하는 전망적 투표가 될 것이다.

박근혜 정부가 기존 지지자의 이탈 없이, 즉 지지율 45%로 집권 기간을 마무리한다면, 이전의 두 정부처럼 임기 5년차에 치러지는 대선에서 정권 심판의 열풍이 불지 않으리라는 것을 의미한다. 유권자 입장에서는 18대 대선에서의 선택을 반복하는 것이다. 즉 박근혜를 선택했던 유권자들은 2017년에도 보수 진영 후보에게 한 표를, 문재인을 선택했던 유권자들은 진보 진영 후보에게 한 표를 던질 것이다. 만약 현재 상황이라면 19대 대선에서 보수 진영이 승리할 수 있을까?

이런 경우라 해도, 박빙이긴 하겠지만 진보 진영 후보가 승리할 가능성이 높다. 유권자 구성이 변하기 때문이다. 먼저, 19대 대선에서는 1994년생부터 2017년 대선 시점에 만 19세가 되는 1998년생까지가 새로 유권자가 된다. 반면 선거인명부에서 빠져나가는 유권자들도 존재한다. 5년 동안의 사망자가 여기에 속하는데, 이들의 절대다수는 고연령층이다. 사망자의 약 80%가 60대 이상이고, 10% 정도가 50대다.

2017년에 새로 진입하는 유권자는 340만 명 정도다. 이들이 18대 대선 당시 20대와 동일한 투표율에 동일한 투표 성향을 보인다고 가정하자.

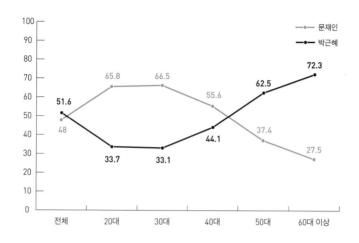

18대 대선 연령대별 득표율

문재인
박근혜

51.6
48
65.8
66.5
55.6
37.4
27.5
33.7
33.1
44.1
62.5
72.3

전체   20대   30대   40대   50대   60대 이상

18대 대선 당시 20대 초반 투표율 70%에 대입하면 이들 새로운 유권자 가운데 240만 명 정도가 투표장에 나온다. 당시 20대의 박근혜 후보 지지율은 33.7%, 문재인 후보 지지율은 65.8%였다. 그렇다면, 보수 진영은 약 80만 표, 진보 진영은 157만 표를 얻게 된다. 진보 진영 후보가 새로운 유권자층에서만 77만 표 정도를 더 얻게 되는 것이다. 새로운 20대 초반 유권자의 진입만으로도 18대 대선 당시 보수와 진보 진영의 득표 수 차 108만 표가 30만여 표로 줄게 된다.

한편 지난 5년간의 사망자는 약 170만 명, 이 중 80% 이상이 60대 이상이다. 18대 대선에서 60대 이상 투표율은 약 80%였고, 박근혜 후보는 문재인 후보에 72.5 대 27.5로 압도적인 우세를 보였다. 18대 대선에서도 동일한 투표율과 투표 성향이 나타난다면, 보수 진영은 58만 표가 줄어든다.

즉, 보수 진영은 새로운 유권자층에서 77만 표 뒤지게 되고, 고연령층에서의 손실로 인해 58만 표를 손해보게 된다. 도합 마이너스 130만 표다. 이 가정대로라면 다음 대선 결과는 보수 진영의 열세로 바뀌게 된다.

최근 차기 대선 주자에 대한 여론조사 흐름도 보수 진영의 재집권이 쉽지 않을 것이라는 점을 보여준다. 박원순, 문재인, 안철수 세 명의 야권 주자군 지지율을 합치면 이미 40%선을 넘는다. 다른 야권 주자들을 합치면 50%에 육박한다. 반면 김무성, 김문수, 정몽준으로 대표되는 여권 주자들은 모두 합쳐도 20%를 넘기기 버거운 실정이다(2015년 6월 기준).

17대 대선 여론조사에서 이명박, 박근혜의 지지율은 60%를 넘었고 진보 진영은 모두 합쳐도 30%를 넘지 못하는 경우가 많았다. 대선 결과도 비슷했다. 보수 진영이 65%, 진보 진영이 35%를 득표했다. 현재 거론되는 세 명의 야권 주자 가운데 누가 선두로 치고 나갈 것이냐에 대해서는 이견이 있을 수 있다. 그러나 이 세 명을 지지하는 유권자들의 대부분이 진보 진영 후보군을 선호한다는 사실은 쉽게 바뀌지 않을 것이다. 세 명 가운데 한 명이 경쟁 대열에서 이탈한다 해도 지지자 대부분은 남은 야권 주자 가운데 한 명에게 옮겨갈 가능성이 크지, 보수 진영 후보군으로 돌아설 가능성은 매우 낮다.

따라서 박근혜 대통령 지지율이 45%를 유지한다 해도, 즉 18대 대선에서 각각 보수와 진보 진영을 지지했던 유권자가 19대 대선에서도 제자리를 지킨다 해도 보수 진영이 승리할 가능성은 높지 않다. 더군다나 지지율 45%를 유지하기란 결코 쉬운 일이 아니다. 노무현 정부의 경우, 50%대 지지율을 보인 것은 출범 직전 3개월 동안뿐이었다. 집권 1년차의 2분기부터 40%로 떨어진 지지율은 나머지 분기에도 40%를 한 번도 회복하지 못하고 임기를 마쳤다. 집권 기간 평균 지지율은 27%였고, 이 언저리에서 대선을 치렀다.

이명박 정부는 취임하자마자 미국산 소고기 수입이 전국민적 이슈로 부상하면서 2분기에는 20% 대 초반으로 급전직하했다. 그렇게 20%에서 30%대를 오르락내리락하다가 집권 2년차 3분기부터 40%대 지지율을 회복해 1년 정도 유지했다. 이후 점차 하강하여 임기 5년차에는 20%대까지 추락했다. 이명박 정부 5년의 평균 지지율은 35%였다.

앞선 두 정부의 평균 지지율이 각각 27%, 35%이고, 임기 5년차에는 공히 20%대로 추락한 사실을 감안하면 임기 말까지 지지율 45%를 유지한다는 것은 절대로 쉬운 일이 아니다. 그럼에도 불구하고 박근혜 정부가 지지율 45%를 지켜낸다면 어떻게 될까? 만약 그렇다면 19대 대선은 '누가 대통령이 되면 국정 운영을 더 잘할 것인가?' 진영 대결의 관점에서는 '보수와 진보 가운데 어느 쪽이 차기 집권 세력으로 더 바람직할까?'를 두고 경쟁하는 전망적 투표가 될 것이다.

앞선 두 차례의 대선은 회고적 투표의 성격이 강했다. 그런데 문제는 전망적 투표라 해도, 판단의 기준은 과거의 행적이라는 점이다.

이제까지의 논의를 정리하면서 19대 대선의 승자를 예측해보자. 승자는 누가 될까? 사실 그 답은 이미 나와 있다. 2002년, 2007년, 2012년의 경험으로부터 우리는 2017년의 승자를 예측할 수 있다.

만약 박근혜 정부가 앞선 두 정부와 마찬가지로 독선적인 국정 운영을 한다면, 후보군이 누가 되든 진보 진영이 승리하게 될 것이다. 그러나 전국민적인 지지를 받으며 성공적으로 임기를 마무리한다면, 지금도 지리멸렬한 진보 진영이 2017년에 대권을 거머쥘 가능성은 제로에 가깝다. 마찬가지로 후보가 누가 되든 진보 진영이 승리할 가능성은 없다.

이제 국민들은 안다. 자기 지지자들만 바라보는 독선적 국정 운영은 결국 정치를 양 진영의 극한 대립으로 끌고 가고, 문제를 해결하는 정치가 아니라 문제를 만드는 정치, 정치 자체가 가장 큰 문제인 나라로 만든다는 것을 말이다.

한 마디로 집토끼를 버려야 한다. 그래야 승리할 수 있다.

정치의 역할,
사회적 자원의 재분배

한국은 대통령중심제를 택하고 있다. 정치의 중심에 대통령이 있다. 그래서 대통령 지지율이 일정 정도 이하로 떨어지면 대통령이 정치 본연의 업무를 수행하기 어렵게 된다. 결과적으로 해야 할 일을 못하는 무능 정권, 심하면 숨만 쉬고 있는 식물 정권이 된다.

정치가 반드시 해야 할 일, 즉 정치 본연의 역할은 사회적 자원의 재분배다. 공동체가 정상적으로 유지되려면 먹고사는 문제가 해결되어야 한다. 이것이 경제다. 어떤 경제가 좋은 경제인가? 경제학 교과서에 따르면 공동체 전체가 가진 자원은 한정되어 있다. 이를 공동체 전체의 관점에서 가장 효율적으로 사용하는 것이 좋은 경제다. 지금까지 인류에게 알려진 바로는 자본주의 시장경제 체제가 한정된 자원을 가장 효율적으로 사용하는 경제 체제다.

한정된 자원이란 우리 공동체에게 주어진 밀가루의 양이라 할 수 있다. 이 밀가루로 가장 좋은 빵을 가장 많이 만드는 것이 자본주의 시장경제고, 이를 효용의 극대화라 한다. 그런데 자본주의 경제의 효용 극대화는 경쟁을 전제로 한다. 같은 양의 밀가루를 주었는데, 양도 더 적고 맛도 없는 빵을 만드는 회사는 경쟁을 통해 도태되고 제일 잘 만드는 회사만 살아남는 것이다. 제일 잘 만드는 회사가 같은 양의 밀가루로 더 많은 빵을 만들게 되므로 공동체 전체로는 이익이다. 여기까지가 경제가 하는 일이다.

그런데 불가피하게 경쟁력을 잃은 기업이 나타나게 되고 이곳에 근무하던 사람들, 과거의 제빵 기술을 가진 사람들은 실업자로 내몰리게 된다. 이들이 사회적 약자가 된다. 이외에도 사회적 약자가 되는 이유와 통로는 다양하다. 내가 잘못해서 경쟁에서 밀려났다면 그나마 덜 억울할 텐데 애초에 자본주의 시장에는 불공정성이 내재되어 있다. 누구는 금수저를 물고 태어났다는 말처럼 기회의 불평등이 존재한다.

결과적으로 자본주의 체제의 근간인 경쟁은 이 경쟁의 패배자인 사회적 약자를 끊임없이 만들어낸다. 이외에도 자본주의 체제 자체에서 생기는 문제는 한둘이 아니다. 시장에서의 우월적 지위를 이용하여 공동체에 도움이 되기보다는 공동체의 희생을 바탕으로 자신들의 배를 불리는 독점 기업도 나타나게 된다. 이런 것을 통틀어 시장의 실패라 한다.

시장이 실패한 지점, 자본주의의 장점보다 단점이 더 커지는 지점에서 정치의 역할이 시작된다. 사회적 약자를 보호하고, 자본주의 경제를 좀 더 공정하고 전체 공동체에 기여하는 방향으로 통제하는 것이다. 시장경제에서 돈을 많이 번 사람들에게 세금을 걷어 사회적 약자를 지원하고 경제가 좀 더 공정하고 원

활하게 돌아가도록 관리하는 제반 활동이 정치가 맡은 본연의 역할, 즉 자원의 권위적 재분배다.

정치가 실종되면, 정치 불신이 만연하고 정치가 제 역할을 못하게 되면 공동체는 쟁탈전을 벌이는 야수들의 정글이 된다. 애당초 공정한 경쟁도 아니었다. 재벌 2세들이 공정한 경쟁을 통해 그 자리까지 올라갔다고 믿는 국민들은 많지 않다. 주어진 기회는 공정했으나 내 잘못으로 실패했다고 생각하는 국민들도 많지 않다. 이런 상황일수록 공동체가 가진 자원을 재분배하는 일은 더욱 중요하고 절실한 과제가 된다. 그래서 정치가 필요한 것이다.

불평등과 불공정도 시장의 한 축으로 존재한다. 돈 놓고 돈 먹는 시장에서 축적된 부는 불평등을 확대 재생산한다. 그래서 통제되지 않는 시장은 공동체를 파괴하는 폭탄이 된다.

현재까지의 지지율 동향을 보면, 박근혜 정부도 노무현, 이명박 두 정부처럼 실패로 가는 지름길로 들어선 것 같다. 임기 초중반에 나타나는 지지율 급락과 대선에서의 참패는 본질적으로 동일한 현상이다. 광범위한 민심 이반이 단지 시기를 달리해 나타나는 것이다.

박근혜 정부가 앞선 두 정부의 전철을 밟는다면, 19대 대선의 승자는 진보 진영이 될 것이다. 노무현 대통령 퇴임 이후 10년 만에 또 한 명의 진보 대통령을 갖게 되는 것이다. 이것은 기쁜 소식인가? 아니면 박근혜 대통령이 아무리 못한다 해도 지금 진보 진영을 보니 보수 진영이 다시 집권하리라고 생각하고, 그래서 이명박, 박근혜에 이은 또 다른 보수 대통령에 기대와 희망을 품게 되는가?

현재 정치 지형이 바뀌지 않는다면 보수든 진보든 어느 쪽이 집권하더라도 앞선 노무현, 이명박, 그리고 박근혜 정부의 전철을 밟을 것이다. 초반에는 자기 진영 유권자와 중도 유권자 사이에서 갈팡질팡하다가 결국 집토끼 전략으로 회귀할 것이다. 그리고 이 지점부터 중도 유권자가 이탈하고 지지율은 다시 추락할 것이다. 결국 우리는 네 번째로 실패한 정부와 불행한 대통령을 보게 될 것이다.

설령 새로운 대통령이 대선 당시의 약속, 국민 대통합이라는 약속을 견지하려고 최선의 노력을 한다 해도 결과는 크게 달라지지 않을 것이다. 국회는 여전히 진영 논리의 포로가 되어 버린 국회의원들로 가득 차 있고 국회 밖에는 대선 결과에 승복하지 못하는 상대편의 강성 유권자들이 있다. 이들의 지지에 기대는 국회의원들이 의석의 절반을 점한 국회에서 대통령이 할 수 있는 일은 그리 많지 않다.

10

독점정치,
모노폴리틱스

실종된 정치,
고통 받는 국민

앞선 노무현, 이명박 정부에 이어 박근혜 정부까지 모두 진영 논리에 입각한 국정 운영을 펼쳐왔다. 왜 이런 일이 반복되는 것일까? 세 대통령 모두 리더십과 민주주의적 소양을 갖추지 못했기 때문일까? 그럴 수도 있다. 그러나 세 대통령 모두 동일한 문제로 비판받고 같은 추락의 길을 걷는 것을 보면 대통령 개인의 자질을 탓하기보다는 구조적인 원인 탓일 가능성이 크다.

진영 논리로 인해 국회는 50 대 50으로 나뉘어 싸움만 일삼고, 대통령의 의견은 국회를 통과하지 못하며, 대통령 자신은 임기가 시작되자마자 국민들의 조롱과 야유의 대상으로 전락하는데 무슨 일이 제대로 되겠는가? 대통령의 잘못도 아니고 정치인을 잘못 뽑은 유권자들의 잘못도 아니다. 대한민국의 주권자라지만 권력이랍시고 투표권 하나 달랑 가지고 있는 유권자에게 무슨 책임을 묻겠는가.

정치에 대한 분노가 깊다보니, 정치에 대한 불신도 극단적으로 높아지고 있다. 하지만 아무리 밉다 해도 정치 실종은 아무에게 도움이 되지 않는다. 정치의 실종은 사회적 약자에게는 특히 재앙이다.

시장은 1인 1표가 아니라 1달러 1표로 움직이는 곳이기 때문이다. 게임의 규칙을 정하지 않고 베팅 상한선을 규제하지 않으면 결국에는 돈을 많이 가진 자가 승리하는 것이 모든 도박의 법칙이다. 정치가 실종된 시장경제는 도박의 법칙이 지배하게 된다. 자본이라는 판돈을 많이 가진 자가 이를 악용해 자기 배만 불리는 것이 독점과 불공정 거래다. 이럴 때 시장경제는 효용을 극대화하지 못한다. 경제학자들이 말하는 시장의 실패. 시장의 실패를 극복하고 공정한 시장경제를 유지시키는 것은 정치 본연의 일이다.

정치가 본연의 역할을 제대로 수행하는 것은 시대를 막론하고 건강한 공동체의 필수 조건이다. 또한 공동체가 제대로 존속하기 위해서는 경제가 안정돼야 한다. 공동체 구성원들에게 소득이 보장돼야 한다. 특별한 자산 소득이 없는 보통 사람들에게 이는 일자리를 의미한다. 지금 한국에서는 일자리가 늘어나지 않고 있다. 그나마 있던 '양질의 일자리'는 더욱 감소할 것이라는 어두운 전망들이 넘쳐난다.

왜 일자리가 사라지고 있는 것일까? 경제는 성장한다는데, 왜 일자리는 늘어나지 않는 것일까? 세상은 끊임없이 변화하고, 우리가 원하지 않아도 우리는 전 세계와 경쟁하고 있다. 산업 구조는 변화하고 경쟁 상대는 우리 눈에 보이지도 않는다. 개인들이 최선을 다한다고 이 경쟁에서 살아남을 수는 없다. 개인이 할 일이 있고, 국가가 할 일이 따로 있다. 국가가 제 역할을 못하는 나라에서 개인의 노력만으로 얻을 수 있는 성취는 제한적이다. 경제적인 어려움을 겪고 있는 나라의 구성원들이 모두 게을러서 못사는 것이 아니다. 국가가 제 역할을 하지 못해 국민이 고통을 겪고 있는 것이다.

'고용 없는 성장'이 화두가 된 지도 이미 오래다. 그동안 일자리 창출의 주역이었던 2차 산업과 3차 산업의 변화가 일자리 감소의 가장 큰 요인으로 꼽힌다. 자동화로 인해 수천 명이 하던 일을 수십 명의 인력만으로 할 수 있는 시대가 되면서 블루칼라나 화이트칼라 모두 타격을 받고 있다. 미래학자들은 보험업, 은행업, 소규모 유통업을 머지않은 미래에 사라질 직업군으로 분류하고 있다. IT 기술을 활용한 사이버 공간의 역할이 커질수록, 현실에서의 일자리는 사라질 것이다.

원하지 않는다고 해서 이러한 변화를 피해 가지는 못한다.

그래서 대응해야 한다. 미리 예측하고, 연구하고, 준비해야 한다. 하지만 이런 준비를 개인이 할 수는 없다. 정부가 할 일이다. 선진국들에서는 이미 정부가 하고 있는 일들이다. IT 산업의 발전이 초래할 세상의 변화를 어떻게 개인들이 예측하고 대책을 마련하겠는가.

세상의 변화를 예측하고 이를 준비하는 발전국가 모델의 측면에서든 사회적 약자에 대한 지원을 국가의 주역할로 보는 복지국가의 관점에서든, 국가가 할 일은 더 많아지고 있다. 이처럼 정치의 역할이 그 어느 때보다 절실해지고 있는 지금, 한국 정치는 진영 간 극심한 대결로 인해 정치 실종의 긴 터널에서 헤어날 기미조차 보이지 않는다.

이제 진영론이라는 극단의 정치에서 벗어나 우리 사회가 직면한 문제의 근원에 대해 다시 한 번 들여다보고 그 해법을 모색해야 할 시점이다.

실종된 정치,
배신하는 대통령

우리 정치의 일차적 특징은 이념 진영 간 극심한 대결이고 이의 근저에는 좌우 기득권 집단의 양보 없는 대결이 있다. 좌우 기득권 집단 간 대결의 정치가 한국 정치를 위기로 몰아넣었다. 좌우 기득권 집단은 시장경제의 경제적 지위에 의해 결정되지만 정치 영역으로 넘어오면 보수와 진보라는 이념 진영 간 대결이라는 모습으로 전환된다. 본질은 같으나 양태가 변하면서 이름을 달리하게 된 것이다.

물론 경제 영역의 좌우 기득권이 정치 영역의 진보와 보수로 그대로 넘어오는 것은 아니다. 보수 진영에는 경제적 우파 기득권 집단 외에 새로운 세력이 편입하여 보강된다. 세상을 보는 관점, 즉 세계관과 철학 면에서 우파 기득권 집단과 많은 점을 공유하는 이념적 우파들이 보수 진영의 또 다른 축을 구성한다. 이들을 정치적으로 대표하는 정당이 새누리당이고, 새누리당을 통해 우파 기득권 집단도 아니고 이념적인 면에서 우파도 아닌 사람들이 합류하게 된다. 바로 새누리당의 전통적 지지자들이다.

한 사회의 구성원들이 이편과 저편으로 갈라지는 것을 균열 구조라 한다. 균열은 여러 곳에서 발생한다. 정치적인 이념에 따라 보수와 진보로, 시장경제에서의 위치에 따라 자본가와 노동자로 갈리기도 한다. 자신이 믿는 신앙에 따라 갈리는 종교적 균열도 있고, 영남과 호남과 같은 지역적 균열도 있다.

2002년 이후 한국 정치가 보수와 진보의 대결로 전환되었다는 것은 여러 균열 가운데 이념적 균열이 정치의 중심이 되었다는 의미다. 그렇다고 영호남 지역 대결 등 여타 균열이 사라진 것은 아니다. 영향력은 약화되었지만 군부독재와 민주화 운동 세력 간의 균열도 여전히 정치를 가를 선으로 남아 있다.

여타의 균열은 진영 간 균열을 중심으로 겹쳐지면서 재편된다. 이념 간 대결 구도를 중심축으로 하되 지역 간 대결과 민주-반민주 구도가 중첩되어 있다. 물론 노동자와 자본가, 좌파와 우파의 대결이 진보와 보수라는 이념 대립의 근저에 있는 핵심적 균열 요인이다.

보수 진영은 우파 기득권 집단을 중심으로 하여 전통적인 새누리당 지지층인 보수 집단과 영남 지역 유권자 등이 결합하여 완성된다. 이들은 경제적으로 우파 기득권 집단에 속하지는 않지만 우파 기득권 집단의 관점에서 세상을 이해하는 집단이다. 다만 영남 지역 유권자는 우파 기득권 집단도 아니고 그들의 세계관을 공유하지도 않지만, 그간 지지해온 새누리당이라는 매개를 통해 보수 진영의 한 축을 형성하고 있다. 진보 진영도 마찬가지다. 조직화된 노동자인 좌파 기득권 집단을 중심으로 하여, 이들과 세계관을 공유하는 진보 성향 집단 그리고 민주당을 매개로 호남 지역 유권자들의 결합으로 완성된다.

정치적 이념 진영에는 이미 다른 균열들이 중첩되어 새로운 행위자들이 대거 참여하고 있다. 그런데 경제와 정치가 서로 겹쳐 있기는 하지만 동일시해서는 안 된다. 정치와 경제는 본연의 역할 자체가 다르다. 경제적 좌우 기득권이 정치를 지배하는 것이 최악의 상황이다. 경제는 경제의 역할이, 정치는 정치의 역할이 있다. 사회적 자원의 재분배라는 정치 본연의 역할은 경제로부터 독립된 정치가 경제의 잘못을 시정하고 규제할 때 가능해진다. 독자성을 확보하지 못하고 경제에 종속될 때 정치는 본연의 역할을 할 수 없다. 특히 경제적 좌우 기득권의 상호 양보를 전제로 하는 사회적 대타협은 정치의 독자성이 확보되지 않고는 불가능하다.

이 문제는 잠시 미뤄두고, 이제 정치 영역 자체의 문제에 대해 살펴보자. 정치는 유권자와 이들의 투표를 통해 선출되는 정치인이 큰 축인데, 일단 유권자가 보수와 진보로 양분되어 있으면, 정치 역시 극심한 진영 대결로 나타날 수 있다.

앞에서 살펴봤듯이 한국의 유권자는 이념 성향상 보수, 진보, 중도가 1:1:1로 할거하는 삼분지세에 가깝다. 이런 유권자 구성은 상당히 안정적이면서도 시대의 변화에 대응하기에도 적절하다. 먼저 보수와 진보 간에 상호 견제와 균형이 가능하고, 중도는 이 구도가 안정적인 동시에 변화에 대응할 유연성을 갖게 한다는 점에서 이상적인 분포다. 균형추 역할을 하는 중도의 존재로 인해 정권 교체와 정책 전환도 자연스럽게 이루어질 수 있다.

그렇다면 일단 극심한 진영 간 대결이 유권자 구성에 기인한 것이 아니라는 점은 확실하다. 그렇다면 왜 유권자 구성은 이상적인 삼자 구도인데, 현실 정치는 극심한 진영 간 대결의 모습으로 나타날까? 정치 제도가 이를 잘못 매개하고 있기 때문이다. 이상적인 유권자 구성이 현실 정치의 결과물로 이어지려면, 이를 제대로 반영하는 정치 제도가 존재해야 한다.

현재 한국 정치는 유권자의 삼자 구도를 반영하지 못하고 있다. 중도 유권자를 대변하는 정치 세력이 독자적으로 존재하지 않는다. 선거 제도 또한 중도 유권자를 정치적으로 대변하기 어렵게 하는 구조다. 유권자는 삼분되어 있는데, 선거는 양자 대결로 진행된다. 승자 독식의 대통령제와 한 지역구에서 한 명의 정치인만 뽑는 소선거구제 역시 중도 성향 유권자를 정치적으로 소외시키고 있다. 이런 상황에서 중도 유권자는 자신의 정치 성향에 부합하는 정당과 후보를 선택할 기회조차 갖지 못한다.

양자 대결 구도의 병폐는 여기서 그치지 않는다. 유권자가 삼분되어 있는 상황에서 양당 대결로 치러지는 선거의 승패는 중도 유권자의 표심에 달려 있다. 중도 유권자의 표심을 잡아야 선거에서 승리할 수 있다고 믿는 후보들은 이를 위해 중도 포용적이고 국민통합적인 공약을 내건다. 그러나 선거가 끝나면 자신의 원래 지지자, 즉 집토끼 중심의 국정 운영으로 선회한다. 선거에 나서서는 "국민통합의 정치를 하겠다" "모두가 행복한 대한민국을 만들겠다"고 약속해서 당선되고는 모든 국민이 아니라 우리 집토끼만 챙기며 진영 논리에 입각한 일방적 국정을 운영한다. 말을 바꾸고 공약을 헌신짝처럼 버리는 것이 집권 세력이다. 지지율 급락은 '저들을 이대로 내버려두면 우리들의 공동체인 대한민국이 더 망가지겠다'는 국민의 우려가 반영된 것이다.

중도 유권자는 애초에 자신의 정치 성향에 부합하는 후보를 선택할 권리조차 주어지지 않았다. 경쟁하는 두 후보 가운데 차선의 선택을, 중도를 포함하는 국민통합적 국정 운영을 약속한 후보를 선택했다. 그러나 결과는 항상 배신이다.

국회의원 선거도 마찬가지다. 이런식으로 선거가 치러지다 보니 극심한 진영 간 대결이 한국 정치의 특징으로 자리잡고, 그 결과 정치는 실종되었다. 집토끼만 결집시켜서는 선거에 승리할 수 없고, 일방적인 국정 운영으로는 재집권이 어렵다는 점을 이론적으로 증명한다고 이러한 악순환이 사라질까. 구조적으로 불가능하다.

낡은 생각과 이해관계를 뒷받침하는 제도가 있는 한 변화를 기대하기는 어렵다. 선의만으로 행위의 변화를 도모할 만큼 정치인들은 천진난만하지 않다.

이제 정치인의 입장에서 한국의 선거와 국정 운영에 대해 짚어보자. 동서양을 막론하고 철학은 인간의 본성에 대한 논의에서 출발했다. 인간은 본래부터 악한 존재인가, 아니면 환경 때문에 악해지는가? 우리가 뽑은 세 명의 대통령 모두 악한 사람들은 아니었을 것이다. 그보다는 대통령이 처한 정치적 환경,

즉 정치 제도의 문제로 인해 상황이 악화되었을 가능성이 높다.

대통령을 위한
변명

대통령은 흔히 무소불위의 권력을 지닌 인물로 묘사되곤 하지만, 사실 한없이 무기력한 존재일 수도 있다. 보수와 진보로 진영이 갈려 흑색선전과 인신공격이 난무하는 대통령 선거가 끝나고 나면, 당선자는 이미 만신창이가 되어 있다. 국민들도 마찬가지여서 패배한 진영에 속하는 유권자는 승복이 되지 않는다. 이것이 지지율 50%를 갓 넘은 수준에서 대통령 임기가 시작되는 가장 중요한 이유다. 적군과의 전쟁을 방불케 하는 극단적인 대결로 치러지는 선거 운동이 임기도 시작하기 전에 50%의 국민을 돌아서게 만든다.

그나마 50%의 지지율도 오래가지 못한다. 대통령 당선에 기여한 이들이 성격상 전혀 다른 두 집단으로 구성되어 있기 때문이다. 집토끼와 중도다. 집토끼가 먼저 아우성친다. 철학과 소신을 가지고 국정 운영을 하라는 주문이 빗발치고, 공무원들만 믿고 있다가 할 일은 시작도 못해보고 임기 끝나겠다는 소리가 높아진다. 말이 좋아 철학과 소신이지, 코드가 같은 우리 편들을 데려다가 우리 진영 논리에 입각한 국정 운영을 하라는 주장이다. 대통령으로서는 우리들의 집토끼, 내 고정 지지층의 주장을 무시할 수 없다. 그나마 남은 50% 가운데 4분의 3을 잃을 수는 없기 때문이다.

개혁이라는 이름으로 코드 인사, 진영 논리에 입각한 국정 운영을 시작한다. 이제는 우리 지지자 가운데 집토끼가 아닌 나머지 15%가 목청을 높인다. "중도까지 포용하는 통합적 국정 운영을 하라." 15%인지 20%인지 정확히는 모르겠지만, 못 들은 체 무시하고 지나갔더니, 지지율이 30%선으로 급락한다. 더 이상은 무시하기 힘들다. 이제 중도도 좀 챙겨야겠다고 생각하지만 성격이 다른 두 집단을 동시에 만족시키기가 쉬운 일은 아니다. 머릿속은 복잡해지고, 발걸음은 꼬이기 시작한다. 무능하다, 원칙이 없다, 여론을 무시한다, 여론에 편승한다, 정반대의 주장들이 대통령이라는 동일한 표적을 향해 날아든다. 그러다보니 임기 5년이 끝나가고 있고 지지율은 20% 대로 추락해 있다. 당연한 수순처럼 다음 대선에서 지지자들이 대거 이탈한다.

'우왕좌왕하지 말자, 이러다가 죽도 밥도 안 된다'고 마음을 다잡아먹고 과감한 정책 결정을 해도 마찬가지다. 중요한 현안일수록 국회를 통과해야 한다. 양당제다보니 50%를 점한 야당은 무엇이든 반대하겠다는 굳은 결의를 다지고 있다. 여당을 보니 여기도 유권자 집단과 동일한 구성이다. 다수는 진영 논리를 주장하고, 일부는 중도와 같은 주장을 한다. 야당과의 타협도 어렵지만 여당 내의 의견도 모아지지 않는다. 국회가 반대하니 되는 일도 없다. 임기 종료는 가까워오는데 제대로 시작해보지도 못했다. 이제 독선에, 무능 정권이라는 딱지가 붙는다. 누구 하나 잘했다는 사람이 없다. 상대 진영뿐만 아니라 우리 지지자들까지 등을 돌리고 있다.

여기까지가 대통령을 위한 변명이다. 이제 유권자 입장으로 돌아가보자. 그 가운데서도 임기 초반 지지율 급락과 정권 심판을 주도하는 중도 유권자의 입장에서 대선과 국정 운영을 살펴보자.

중도 유권자에게 대선은 항상 울며 겨자 먹기다. 민주시민의 본분을 다하기 위해서라도 투표는 해야겠는데 마음에 드는 후보가 없다. 나는 극단에 치우치지 않는, 중도적이고 통합적이며 미래지향적인 국정 운영을 원하는데 대통령 후보로 나온 사람들은 다 한쪽으로 치우쳐 있다. 그래도 덜 못할 것 같은 사람을 찍었다. 그런데 그나마 조금이라도 더 믿을 만한 사람 같아 뽑았더니 국민통합, 탕평 인사를 하겠다는 대선 공약은 취임도 하기 전에 잊어버린 것 같다. 이제 남은 일은 5년 후 선거에서 심판하는 것밖에 없다.

이것이 지난 노무현, 이명박 두 정부가 거쳐간 길이고, 박근혜 정부가 초입에 들어선 그 길이다. 유권자는 보수, 진보, 중도로 삼분되어 있는데 제도는 승자 독식의 대통령제다. 중도층의 민심을 얻어야 정권 재창출이 가능한데, 양당제에 기반한 진영 논리가 국정 운영을 편 가르기로 시작하게 한다. 대통령은 무기력해지고 중도 유권자의 분노는 커져만 간다.

최악의 조합, 대통령제와 양당제 그리고 지역주의

대통령제와 양당제의 결합으로 중도 유권자에게는 선택의 자유가 허용되지 않는다. 나는 우동을 먹고 싶은데, 메뉴에는 자장면과 짬뽕밖에 없다. 나의 선택의 자유는 어디에 있는가? 중도 유권자의 분노는 타당하다.

중도의 분노는 표의 등가성 문제에 그 뿌리를 두고 있다. 시장의 원칙이 1달러 1표라면, 정치는 1인 1표가 원칙이다. 내 표는 다른 사람의 표와 동등한 대접을 받아야 한다. 그러나 표는 대통령 선거와 국정 운영에 제도적으로 반영되지 못한다. 이를 자각한 중도 유권자의 분노를 방치하고 정치 안정을 이루기는 힘들다. 중도 유권자의 표심을 반영하지 못하는 제도는 불안정할 수밖에 없다.

이를 2014년 10월 헌법재판소가 '국회의원 지역선거구획정 인구수 편차 3:1에 대해 헌법 불합치' 결정을 내리고 2:1 이하로 바꿀 것을 권고했다. 어떤 지역에서는 인구 10만 명당 1명, 또 어떤 지역에서는 30만 명당 1명의 국회의원을 선출하는 것이 헌법 정신과 일치하지 않는다고 판단한 것이다.

5천만 국민, 4천만 유권자는 권력의 공동 소유자로, 선거를 통해 자신의 대리인을 뽑는다. 따라서 유권자 각자가 가지는 권력의 크기는 4천만 분의 1로 동일하다. 이를 충실하게 반영한 것이 1인 1표제다. 나의 한 표는 다른 사람의 한 표와 똑같은 가치를 가진다. 대통령이건 재벌 회장이건 유권자로서 그는 나와 같이 한 표만의 권력을 가진다. 이것이 표의 등가성이고, 표의 등가성으로 인해 대한민국은 '주권이 국민에게 있고, 모든 권력은 국민으로부터 나오는' 민주공화국일 수 있다.

현재의 제도 아래서 중도 유권자의 한 표는 진보, 보수 유권자의 한 표만큼의 가치를 지니고 있지 못하다. 결국은 메뉴판의 문제, 제도의 문제다. 좋은 제도는 선한 인간을 보다 많이 만들고 나쁜 제도는 악한 인간을 보다 많이 만든다. 선거 결과에 악영향을 주고 정부의 실패만을 가져오는 현재의 정치 제도에서 이득을 보는 집단이 존재한다. 공동체 전체에 손해를 끼치는 해로운 제도라 해도 이로부터 이득을 얻는 집단이 존재한다면 제도를 바꾸기는 쉽지 않다. 기존의 제도로부터 이득을 보는 집단, 즉 기득권 세력의 영향력이 막강하다면 더욱 그러하다.

중도에게 선택의 자유를 부여하지 않고, 표의 등가성 원칙을 훼손할수록 이득을 보는 이들은 누구일까? 가장 큰 수혜자는 좌우 기득권 집단이다. 정치 영역으로 들어오면 진영론자들이고 영호남 패권주의자들이다.

진영론의 폐해는 충분히 논의했다. 이제 양당제에 기반한 대통령제와 진영론이 결합함으로써 생기는 문제를 검토해보자. 제도로서의 양당제와 선거 이론으로서의 진영론은 원래 별개의 사안이지만, 서로 긴밀하게 결합하여 작동하는 공생관계이므로 함께 살펴볼 필요가 있다.

한국 보수 진영의 지역적 중심은 영남이다. 진보 진영에서 호남 지역이 점하는 영향력도 마찬가지다. 전체 유권자 4천만 가운데 영남은 그 4분의 1인 1천만 정도이고, 호남은 10분의 1인 4백만 남짓이다. 18대 대선에서 박근혜는 약 1,577만 표 가운데 560만 표를 영남에서 얻었고, 문재인은 1,469만 표 중 284만 표를 호남에서 얻었다. 그러나 호남에서 문재인의 득표율은 90%를 넘었다. 반면 영남에서의 박근혜 득표율은 그 정도로 일방적인 우위는 아니었다. 대략 대구·경북 80%, 부산·울산·경남 60%였다. 나머지 20%와 40%는 문재인이 가져갔다. 결과적으로 영호남을 합쳐 박근혜는 597만 표, 문재인은 535만 표를 득표해 두 지역에서의 차이는 62만 표였다.

전체 유권자의 절반을 차지하는 수도권과 호남과 비슷한 규모의 충청에서 양 진영 간 표 차이가 크게 나지 않는다는 점을 감안하면, 영남과 호남이 각 진영에서 점하는 비중은 절대적이라고 해도 지나치지 않다.

문제는 여기서 시작된다. 영남과 호남 유권자는 전체 유권자의 25%와 10%에 불과함에도 불구하고 절대적인 영향력을 발휘하면서 지역 패권주의가 싹틀 환경이 조성된 것이다. 보수 진영 내 영남 패권주의와 진보 진영 내 호남 패권주의를 통해 이제 두 지역은 커다란 정치적 영향력을 행사하게 되고, 이로 인해 지역 간 표의 등가성 문제가 발생한다.

양 진영 대결로 중도 유권자가 차별받는 것이 이념 성향에 따른 등가성 문제라면, 영호남 패권주의는 수도권·충청·강원 등 중부권 유권자 차별로 이어지는 지역 간 등가성 문제를 야기한다.

대통령 중심제와 양당 체제가 지역주의와 결합했다. 최악의 조합이다. 진영 간 대결에, 각 진영 내에서는 영호남 패권주의가 판친다. 지역 패권주의와 진영 간 극한 대결의 정치는 서로 연결되어 있다. 악순환의 뫼비우스 띠가 완성되는 것이다.

현재 지역구를 통해 선출되는 전체 국회의원 의석 수는 246석이다. 이 중 영남 지역이 67석으로, 4석 가운데 1석 꼴이다. 전체의 4분의 1에 불과하면서도 집권 여당을 좌지우지할 수 있는 힘은 어디서 나오는가? 바로 양분 구조 때문이다. 집권 여당이 전체 지역구 의석의 절반 정도를 가져간다고 하면 123석, 이제 영남 지역은 과반을 점하는 것이다.

게다가 영남의 패권을 강화하는 지원군들이 있다. 54석에 달하는 정당비례대표, 전국구 의원들이다. 새누리당 당권을 영남 지역에서 장악하기 때문에 전국구 의원들도 이 영향력하에 놓이게 된다. 이들을 전국구 의원으로 선출한 것도 그들이며, 차기 총선에서의 공천권도 그들이 가지고 있기 때문이다. 만약 새누리당이 150석을 점한다면 영남 지역 의원과 비례대표 의원들로만 90석 정도를 차지하게 된다. 나머지 60석 가운데 강남 3구 등 보수가 강세인 지역도 영남 패권의 지원군이다. 이런 구조에서 전체 유권자와 지역구 의석의 4분의 1 정도인 영남의 패권은 절대로 흔들리지 않는다.

진영 논리에 입각한 일방적 국정 운영으로 중도층에 의한 정권 심판론이 불거지더라도 영남은 끄떡없다. 진영 간 대결이 극심해질수록 영남 지역에서 새누리당 의원들이 당선될 가능성은 높아지면 높아졌지 낮아지지는 않는다. 정권 심판으로 여당인 새누리당이 과반 의석 확보에 실패한다 해도 두려울 게 없다. 역설적으로 영남 지역 국회의원들의 영향력은 더욱 압도적으로 높아진다. 영남 국회의원들 입장에서는 국민통합적 국정 운영에 대한 필요성이 크게 와 닿지 않는다. 진영 논리에 입각한 대결 정치에 대한 비판 여론이 높아져도 그다지 신경쓰지 않는다. 진영 논리와 극단적 대결 정치를 포기할 이유가 전혀 없는 것이다.

국민은 독선적인 국정 운영, 진영 논리에 근거한 극한적 대결을 심판했는데, 새누리당 내 영남 패권주의는 더욱 강화된다. 지역구 국회의원 선거 경합 지역인 수도권에서는 그나마 다른 목소리를 내던 새누리당 의원들까지 낙선하지만, 자기들만의 성채인 영남에서는 여전히 건재하다. 그래서 새누리당이 심판을 받을수록 영남 패권주의는 더욱 강성해진다.

국회의원 선거구에 대한 헌법재판소의 판결에서도 알 수 있듯이, 모든 선거구의 인구 수 편차를 1:1로 맞추기는 현실적으로 불가능하다. 그래서 1인 1표의 정신에 근접하게 1:2 정도로라도 맞추라는 것이다. 모든 지역이 자신의 인구 수에 비례하는 정치적 영향력을 갖기는 힘들기 때문에 1:2로는 맞추라는 판결이 선거구제를 개선하는 데 기준점이 될 수 있을 것이다.

이런 표의 등가성, 인구 수에 비례한 균등한 영향력의 관점에서 볼 때, 영호남 패권주의는 이를 훼손하는 심각한 문제다. 35% 남짓의 영호남이 한국 정치를 좌지우지하고 있다.

박정희·전두환·노태우·김영삼 모두 영남 출신이다. 최근 세 차례 선거에 당선된 노무현, 이명박, 박근혜도 영남 출신이다. 그리고 여덟 명의 대통령 가운데 여섯 명이 보수 진영에 속한다. 지금의 새누리당도 마찬가지다. 영남 출신이 아니면 대통령 후보나 당 대표, 원내 대표조차 되기 어렵다. 차기 대권 후보군으로 분류되는 김무성, 김문수, 홍준표의 공통점이 무엇인지 아는가? 고향이 영남이다.

한편 진보 진영과 호남의 관계는 이중적이다. 당내 행사를 치를 때면 호남의 영향력은 압도적이다. 모두가 호남 구애에 매달린다. 그런데 호남 출신 대통령은 김대중을 끝으로 맥이 끊길 수도 있다는 전망이 나오고 있다. 노무현의 대통령 당선 이후 호남 출신 정치인은 유력한 대권 주자 대열에도 끼지 못하고 있다. 문재인, 박원순, 안철수, 김부겸, 가운데 호남 출신은 없다. 충청 출신 안희정까지 차기 주자로 분류되지만, 새정치민주엽합의 주력 부대인 호남 출신 정치인은 아무리 뛰어나도 자기 당의 대통령 후보가 될 수 없는 상황에 직면한 것이다.

대한민국에서 영남 출신이 아니면 양대 정당의 대통령 후보도 될 수 없는 희한한 시대가 열렸다.

그렇다고 영호남 유권자가 덕을 보는가? 덕은커녕 피해만 본다. 두 지역에서는 사실상 독주 체제이기에 선택의 자유가 없는 것과 마찬가지다. 영호남 유권자들은 선택의 자유가 없어졌고, 이로 인해 민주주의의 장점을 누릴 수 없다. 영호남을 제외한 여타 지역 유권자들은 전체 유권자의 65%라는 압도적인 비중을 점하고 있음에도 불구하고 정치에 미치는 영향력과 표의 등가성 면에서 차별받고 있다. 모든 국민이 영호남 패권주의의 피해자인 셈이다.

11

우리의 대표자는
누구인가

현실 수긍의 보수,
이상 추구의 진보

공산주의의 창시자 칼 마르크스가 살던 19세기는 산업 혁명으로 인한 대량 생산이 본격화된 때였다. 그는 산업화가 초래한 노동자들의 참상에 주목했다. 자본주의는 어떻게 작동하는가에 대한 연구는 이를 해결하기 위한 고민이었다. 그 풍부한 지적 고민의 결과물이 공산주의였다. 이처럼 현실이 만족스럽지 않을 때 이를 극복하고 새로운 비전을 만들어보려는 노력을 우리는 진보라고 부른다. 진보進步, 말 그대로 앞으로 나아가자는 것인데 현실 불만이 출발점이다보니 현실의 부정적인 측면을 부각하게 된다. 또한 아직 존재하지 않는 세상을 그리다보니 이성적이며 이상적인 경향이 강하게 나타난다. 인간 이성에 대한 신뢰라는 점에서 진보는 계몽주의와 맥이 닿아 있다.

보수는 애초에 정교한 사상 체계를 발전시켜온 이념이 아니다. 보수는 인간의 이성보다 현실을 강조한다. 현재 존재하는 것들은 세상의 시련을 통과한 것으로, 그것이 존재해야 할 이유가 있다고 믿는다. 그래서 지켜야 하는 것이다. 한계가 분명한 인간의 이성으로 세월의 연륜이 쌓인 현재의 체제를 섣부르게 바꿀 경우 부작용이 더 클 수 있음을 우려한다.

진보가 현실에 대한 불만과 이를 극복하려는 노력에서 출발한다면, 보수는 이를 지키려는 시도에서 출발한다. 이 점에서 둘의 관계는 적대적이다. 그러나 현실에서는 반드시 적대적으로만 나타나는 것은 아니다. 현재를 지키기 위해서라도 양보할 것은 양보하고 고칠 것은 고쳐야 한다는 합의에 의해 세상을 변화시킨다. 서구의 보수는 그래서 많은 혁신과 개혁을 주도해왔다. 진보도 보수를 적대시하기보다는 타협의 대상으로 보았다. 이러한 전통이 있기에 이념 지형상 반대 편에 속한 정당 간에도 정책 연합과 연합정부 수립이 가능하다. 보수도 강력하고 진보도 강력하면서도, 존중과 타협의 전통이 확립된 국가들은 경제도 발전했을 뿐만 아니라 복지도 우리가 보기에는 완벽할 정도로 잘 갖추어져 있다.

한국의 보수는 산업화 세력과 맞물려 있다. 경제와 국가 경쟁력을 중요시한다. 한편 한국의 진보는 민주화 운동을 주도했던 세력들이다. 사실 현재의 시점에서 보면 산업화와 민주화가 반드시 적대적일 필요는 없다. 둘 다 우리의 자랑스러운 역사이고 오늘의 대한민국을 있게 한 주역들이다. 끊임없이 변화하는 세상에서 흐름을 거스르고 제자리를 지키는 것은 도태하게 마련이다. 한국의 보수와 진보가 그러하다. 성장이 이루어져도 일자리가 생기지 않고 대기업이 잘된다고 윗목이 따뜻해지지 않는데, 한국의 보수는 30~40년 전 고도성장 시대의 흘러간 노래만 틀어댄다.

2002년 이후 한국의 보수는 스스로 개혁하지 않는다. 노무현 정부 시절, 당시 한나라당은 노무현 정부를 비판만 하면 되었다. 대통령 탄핵까지 불사했다. 탄핵 역풍으로 인한 위기 국면에서 구원투수로 등장한 것이 박근혜 대표였다. 달라진 것은 없었다. 박근혜 대표는 노무현 대통령을 비판하면서, 소위 대립각을 세우면서 정치적으로 성장하여 대권 주자 반열에 올랐다. 2007년 한나라당 대통령 후보 경선에서는 '줄푸세'를 내세웠다. 세금과 정부 규모를 '줄'이고, 불필요한 규제를 '풀'고, 법질서를 '세'우겠다는 소리였다. 당시 유행했던 전형적인 우파의 신자유주의 공약이었다. 자유 경쟁과 시장에 대한 국가 개입의 최소화를 주장한다는 점에서 우파의 성장 일변도 정책, 시장지상주의 정책이었다.

한편 이명박 후보는 중도 유권자를 노리고 '친서민 중도 실용'을 기치로 내걸었다. 국민의 선택은 중도 노선의 이명박이었다. 그러나 집권 이후 이명박 정부는 전형적인 우파 노선으로 회귀한다.

"규제의 대못을 뽑겠다."

취임 전부터 강조했던 대로 각종 규제를 완화했다. 종합부동산세 완화가 대표적이다. 전형적인 우파답게 경제 정책의 기조는 성장에 대한 강조였다. 우파 정책으로의 회귀로 이명박 정부는 가진 자들만을 위한 정부, 강부자 정권이라는 비판에 직면한다. 이러한 민심을 읽은 박근혜는 18대 대선에서 경제 민주화를 전면에 내걸고 당선되었다.

그런데 박근혜 대통령 취임 이후, 경제 민주화는 온데간데없이 사라졌다. 그 자리를 채운 것이 다시 규제 완화와 경제 활성화다. 연일 경제를 활성화하겠다고 목소리를 높인다. 그렇게 해서 경제가 살아난다면 다행이지만, 성장 일변도의 정책이 한계에 부딪혀 나타난 것이 지금의 경제 현실이다. 경제가 성장해도 일자리가 생기지 않고 윗목이 따뜻해지지 않는다. 이런 방식으로는 더 이상 성장도 이뤄지지 않는다. 세상이 바뀐 것이다. 보수의 강점은 현실에 있는데 오늘의 현실을 살피지 않고 흘러간 옛 노래만 틀어대는 것은 보수가 아니라 수구다.

오바마가 한국 교육을
칭송하는 이유

친서민 중도 실용을 내걸었든 경제 민주화를 약속했든 한국의
보수는 집권하고 나면 과거로 돌아갈 뿐 스스로 개혁하지 않는
다. 이제는 지난 시절의 소장파들 목소리도 들려오지 않는다.

오래된 이념에 매몰되어 있기는 진보도 마찬가지다. 그들은
민주화 운동 시절 자신들이 반대했던 모든 것에 여전히 반대한
다. 보수가 주장하는 것은 무엇이든 나쁘다. 같은 대통령제에 양
당제를 택하고 있는 미국의 진보 진영과도 사뭇 다르다. 미국은
1980년 레이건 대통령 이후 아버지 부시가 집권한 1992년까지
보수 진영이 정권을 장악했다. 이에 위기의식을 느낀 민주당이
꺼내 든 카드가 중도 노선의 클린턴이었다. 그전까지는 미국의
진보 역시 공공부문과 대기업 노조의 포로가 되어 있다시피 했
다. 미국의 대기업 노조도 FTA와 같은 외국과의 통상 개방에 반
대한다. 국제적인 경쟁을 허용하다보면 임금이 싼 중남미 노동자
들과의 경쟁에서 밀리기 때문이다.

클린턴은 자기 진영 내부의 반대를 무릅쓰고 중도 표를 흡
수하기 위해 우클릭했다. 이 점에서는 오바마도 마찬가지다. 미
국 민주당의 핵심적 지지 기반 가운데 하나가 공공부문 노조
다. 그중에서도 한국의 전교조 같은 교원단체의 영향력은 압도
적이다.

참교육을 내세우며 창립한 이래 전교조가 주장하는 대부분의 교육 정책은 미국의 교원단체가 주장해서 이후 1960~70년대 민주당의 정책이 되었던 것들이다. 주입식 교육 반대, 토론 중심 수업, 수준별 수업, 절대평가제 등이 그 예다. 학생들을 위한다는 명분을 걸고 있지만 실상 이러한 수업의 가장 큰 수혜자들은 교사였다. 강단에 서본 사람은 안다. 제대로 하려면 몹시 어렵지만 대강 버티기에도 가장 좋은 것이 토론 중심 수업이다. 수준별 수업과 절대평가제 역시 교사들에게 이보다 편한 제도가 없다.

전교조 창립 이전 한국 교육은 문제가 많았다. 특히 사립학교의 재단 비리와 교사들의 학생 폭행은 심각한 수준이었다. 1987년 전교조의 출범은 유신과 군부독재 시절의 교육에 치를 떨던 모든 이들에게 희망으로 다가왔다. 적지 않은 성과도 있었다. 그로부터 어느덧 30년이 지나고 있다. 그사이 세상도 많이 바뀌었다. 교직원노동조합이 학생들의 입장에서 교육의 문제점들을 개선해온 점은 높게 평가되어야 한다. 문제는 학생들과 노동자로서의 교직원들의 이해가 첨예하게 대립할 경우에 발생한다.

대표적인 예로 교과 과정 개편을 들 수 있다. 대학 입시 과목도 너무 많다. 대학 입시에 반영되는 과목을 축소해 학생들의 공부 부담을 줄이자는 취지에서, 예를 들어 사회 과목을 입시에서 빼자는 논의가 시작된다. 이 경우 전국의 사회 과목 관련 교수들과 교사들이 들고 일어난다. 이 지점에서는 학생이 아니라 교직원 노동자들의 입장이 앞서는 것이다.

누가 경쟁하는 것이 더 바람직한가에 관한 쟁점도 마찬가지다. 입시지옥에서 학생 간의 경쟁을 줄여주기 위해서는 교사들이 더 열심히 해야 한다. 이를 위해서는 교사 간의 경쟁이 불가피하다. 교직원 노동자는 다른 공공부문 노동자와 마찬가지로 자신들끼리의 경쟁을 싫어한다. 노동자로서의 삶이 힘들어지기 때문이다. 공공부문 노동자들이 내부 경쟁을 촉발하는 연공서열 폐지나 성과급제 도입에 극렬하게 저항하는 것은 이 때문이다.

연공서열과 호봉제가 지배하는 조직에서 개인의 노력이나 성과가 임금이나 승진에 미치는 영향은 거의 없다. 이런 조직에서는 당연히 무사안일과 복지부동이 자연스럽게 조직 문화가 된다. 결국 조직의 생산성이 떨어지고 사회에 기여하는 몫도 줄어든다. 이런 조직은 사회에 기여하기보다는 사회에 부담이 된다. 내부 경쟁을 백안시하는 공공부문의 대외적 경쟁력이 약화되는 이유다.

전교조 교사들은 사교육에 비판적이지만, 대학 입시를 준비하는 수험생의 입장에서 보면, 학교가 대학 입시를 위해 도와주는 것이 거의 없다.

예전처럼, 『성문종합영어』와 『정석수학』만 제대로 공부하면 대학을 갈 수 있는 시대가 아니다. 자기소개서도 준비해야 하고, 이를 위해 다양한 실적과 경험도 미리미리 준비해놓아야 한다. 자기주도적인 학습을 얼마나 창의적으로 했는지도 증명해야 한다. 주입식 교육을 비판하던 전교조 교사들이지만 '자기주도적이고 창의적인 교육'을 준비해주지는 않는다. 어쩔 수 없이 학생들은 사교육 시장으로 내몰린다.

과거 '성적 위주의 주입식 교육'에서 현재의 '다양한 창의적 교육' '공부 안 해도 대학 가는 시대'로의 전환으로 인해 가장 큰 피해를 입은 이들은 학생이다. 성적 위주의 주입식 교육 시대보다 학생 간의 경쟁은 더 치열해졌고, 어려운 집안 형편에도 불구하고 좋은 대학에 들어갈 수 있었던 '개천의 용'은 더 이상 기대할 수 없게 되었다. 창의적 교육과 열린 교육은 부모의 경제적 지원과 사교육의 도움 없이는 헤쳐가기 어려운 장애물 코스로 전락했다.

주입식 교육을 비판하는 핵심적 논리는 '주입식 교육으로는 사회가 필요로 하는 창의적 인재를 육성할 수 없다'였다. 그렇다면 지금의 교육은 사회가 필요로 하는 인재를 만들어내고 있는가? 사법고시를 폐지하면서 법학전문대학원 체제로 전환하자는 주장도 비슷한 논리였다. 그래서 지금 로스쿨을 나온 법조인들이 사법시험을 통과한 법조인들보다 더 높은 평가를 받고 있는가?

특히 문제가 되는 것은 교육을 통한 사회적 위치 이동의 가능성이 급격하게 감소했다는 점이다. 자본주의 사회에서 부의 대물림은 불가피한 면이 있고, 부모를 잘 만난 아이들이 그렇지 못한 아이들보다 잘될 가능성이 높다. 다만 그 격차가 너무 커서는 안 된다. 기회만이라도 균등하게 주어져야 한다. 교육을 통한 사회적 위치 이동의 가능성이 열려 있어야 하는 것이다. 이 점에서 현재의 교육 체계는 과거보다 후퇴했다. 돈이 교육의 기회를 결정하고, 나아가 사회적 위치의 대물림으로 이어지고 있다.

이런 결과를 초래한 정치권과 교육계 인사들은 이 고통을 분담해야 한다. 부모의 경제적 지위가 자식의 미래를 결정하는 현재의 교육을 바로잡기 위해서는 공교육이 정상화되어야 한다. 이는 교사들의 노력, 이를 촉진하는 교사들 간 경쟁 시스템 도입으로 가능해진다. 교사들이 더 노력하고 경쟁하여 학생들의 부담을 나눠져야 한다. 이것이 전교조의 창립 취지인 학생 중심의 참교육이다.

취임 이후 오바마 대통령은 한국 교육의 장점을 수차례 언급해 한국 진보 진영 인사들을 당혹케 했다. 미국 대통령이 한국의 보수를 즐겁게 하려고 그같은 발언을 하는 것이 아니다. 자기 진영 내부의 교원단체에 대한 공개 비판이고, 이를 통해 중도층의 마음을 얻으려 한 것이다. 교사들이 편한 방식을 택하다보니 학생들의 실력은 나날이 떨어지는 미국의 교육 경쟁력에 대한 우려가 높아진 현실을 반영하는 교육 정책으로의 전환을 의미하는 것이다.

자기 살을 도려내는 것이 혁신이다. 우리 진영에도 문제가 있다고 인정해야 진정한 혁신이 가능해진다.

좌우 기득권, 적대적이지만 공생하는

한국의 보수는 성장 우선론과 소위 낙수 효과가 더 이상 효과가 없다는 점을 인정하지 않는다. 입만 열면 시장경제의 우월성, 효용을 극대화하기 위한 경쟁의 중요성, 합리적인 경제 원칙을 강조하는 한국의 우파 기득권, 그 주역인 기업가들은 자신이 그 대상이 되면 입을 다문다. 효용의 극대화라는 자본주의 경제의 장점은 공정한 경쟁 위에서 가능해진다. 대기업과 중소 하청업체의 관계가 공정해야 한다. 경제 외적인 힘의 관계가 개입할수록 합리적인 시장경제는 사라지기 때문이다. 연일 대기업들의 불공정한 '갑질'이 언론에 보도되고 있다. 재벌 2, 3세의 경영 참여는 어떠한가? 능력이 검증되지 않은 재벌 2, 3세들이, 출생 순위에 따라 순차적으로 재벌기업 계열사들의 경영자로 등극한다. 입만 열면 기업 경쟁력을 외치는 기업가들은 자신부터 기업의 경쟁력을 해치고 있지는 않은지 돌아보아야 한다. 기업은 자식들을 위한 것이 아니다. 자신들 집안의 힘만으로 여기까지 온 것이 아니다.

기득권 집단과 리더들이 존경 받지 못하는 사회는 희망이 없다. 기업가들이 존경 받지 못하는 사회라고 개탄만 할 게 아니라 왜 존경 받지 못하는지 성찰하고 혁신해야 진정한 보수 진영 리더가 될 수 있다.

다만 모든 기득권 집단을 부정적으로 볼 필요는 없다. 자본주의 경제는 불평등을 전제로 한다. 사유 재산을 인정하고 이의 상속을 받아들이는 사회에서 출발선부터 공평하기는 애초에 불가능한 일이다. 누군가는 금수저를 물고 태어나고 누군가는 빚을 물려받고 태어난다. 개인의 능력도 마찬가지다. 노력한다고 모두 타이거 우즈가 되거나 노벨상을 받는 것은 아니다. 자본주의 경제뿐만 아니라 모든 사회에 불평등은 존재한다. 중요한 것은 불평등을 개선하려는 의지와 노력이다.

이와 관련된 개념이 지대 추구rent seeking다. 애덤 스미스에 의하면 소득은 이자, 임금, 지대로 나눌 수 있다. 지대란 자신의 땅을 남에게 빌려주고 얻는 소득을 의미한다. 노동으로 얻는 소득이 아니라는 점에서 불로소득이다. 현대 경제학에서 지대는 좀 더 넓은 의미로 사용된다. 면허 취득 등을 통해 독과점적인 지위를 얻게 되면 별다른 노력 없이, 즉 자신의 노동을 제공해 세상에 기여하면서 얻는 방식이 아니어도 소득을 얻을 수 있다.

현대 경제학에서 지대는 이러한 소득을 의미한다.

대부분의 사람들은 노동력을 제공하여 먹고살며, 내가 같은 조건에서 다른 사람보다 두 배 더 일했다면 그만큼의 돈을 더 받는 것이 당연하다. 그러나 지대는 그렇지 않은 소득이다. 대표적인 것이 정부에 로비하여 얻어내는 인허가권이나 독점권 같은 것을 통해 얻는 소득이다. 공중파나 유선 방송의 채널 독점권이 이에 속한다. 정부로부터 이 권한을 확보함으로써(노동하지 않고도) 발생하는 소득이 지대고, 이를 얻으려고 노력하는 것이 지대추구다. 의미를 좀 더 확장하면, 부당하게 많은 몫을 챙기는 행위도 지대 추구가 될 수 있다.

부당하게 많은 몫을 챙기는 대표적인 집단이 독점기업이다. 자본주의 경제는 효용을 극대화하는 체제이고, 이를 가능케 하는 가장 중요한 요인이 수요-공급에 의한 가격 결정 시스템이다. 그런데 독점기업은 시장에서의 수요-공급에 의해서가 아니라 자신들이 가격을 독자적으로 결정할 권한을 가졌다. 실제 가치는 만 원에 불과한 상품을 2만 원에 팔 수 있다. 자본주의의 강점인 경쟁을 통한 효용의 극대화가 작동하지 않는다. 한국 국민은 재벌기업도 독점기업에 속한다고 생각한다. 정치권 로비 등으로 그들이 실제로 한 일보다 더 많은 몫을 챙겨간다고 믿는다. 사실이 그러하다. 한국의 대표적인 기업인 삼성과 현대만 보아도, 공로는 있겠지만 단지 그것만으로 오늘의 삼성이나 현대가 만들어진 것은 아니다. 기업 초창기부터 정부의 각종 지원과 혜택을 받았기 때문에 지금처럼 성장할 수 있었다.

이들이 우리 사회의 기득권층, 즉 현재 존재하는 시스템으로부터 이득을 보는 집단이다. 진보 진영은 이들 기득권 집단과 보수 진영을 동일시하고, 이 점을 핵심적인 선거 전략으로 활용한다. 틀린 주장이 아니다. 현재 체제를 유지하려는 보수 진영이 현 체제에서 이득을 보는 기득권 집단을 대변하고 있다는 사실을 부정하기는 어렵다. 그러나 현 체제에서 이득을 보는 기득권 집단이 이들만 있는 것은 아니다. 재벌이나 대기업이 우파 기득권 집단이라면, 반대편에는 좌파 기득권 집단이 존재한다.

대기업 직원들을 보자. 이들은 물론 기업 오너나 재벌 2, 3세와 같은 혜택을 누리지는 못하지만 그렇다고 현 체제의 피해자도 아니다. 이들이 가져가는 소득은 시장에서의 공정한 경쟁을 통해 얻은, 순수하게 경제적인 것인가? 한국의 대기업은 우월적 지위를 활용하여 중소기업이 가져갈 몫을 부당하게 빼앗는다.

비정규직과 정규직의 관계도 다르지 않다. 같은 노동을 하면서도 임금과 복지 수준은 매우 다르다. 같은 회사에서 같은 노동을 하는데 임금은 60%밖에 받지 못한다면, 누군가가 이들이 원래 받아야 할 몫을 가져가고 있는 것이다.

특히 공기업 직원들은 지위고하를 막론하고 신규 정규직 채용을 달가워하지 않는다. 정규직을 늘렸다가 구조조정을 하게 되면 자신이 피해자가 될 수 있다고 생각하기 때문에 일거리가 늘어도 비정규직 채용이나 협력업체 확대로 해결하려 한다. 비정규직이나 협력업체가 정규직의 정년 보장을 위한 완충제, 역할을 하고 있는 것이다. 정년을 보장하지 못한다면 그 대신 정규직보다 높은 임금을 지불해야 합당하지만, 동일 수준도 아니고 60%다. 이 문제를 해결할 의지가 없는 것은 물론 지속되기를 바란다는 점에서 공기업 임원이나 노조원이나 한마음 한뜻이다.

정규직이라는 공동운명체인 그들은 서로 비난하면서도 공생한다. 그 피해를 모두 비정규직과 협력업체에 전가한다. 이 점에서 대기업이라는 우파 기득권과 대기업 노조라는 좌파 기득권은 공범 관계다.

젊은 세대의 가장 큰 현안인 양질의 일자리 문제에서 이들은 가해자 집단에 속하거나 최소한 공범 관계에 있다는 점을 부인하기 어렵다.

모든 노동은 사회적이다. 로빈슨 크루소처럼 무인도에서 홀로 노동하고 자기가 자기 임금을 주는 것이 아니라면, 모든 임금도 사회적인 것이다. 우리 모두의 미래인 2030 세대의 일자리 문제는 가져야 할 사회적 몫보다 더 많은 것을 가져가는 기득권 세력들의 양보를 통해서만 해결될 수 있다.

양보,
사회적 대타협의 조건

레이건이 대통령에 취임하기 1년 전만 해도 레이건의 당선, 공화당의 승리를 예측하기는 어려운 상황이었다. 하물며 대통령에 당선된 레이건이 이후 12년간의 공화당 집권을 가져올 보수 혁명을 성공으로 이끌 것이라고 예측한 학자들은 없었다.

레이건이 당선되기 직전인 1970년대만 해도 미국에서 민주당의 우세는 상당 기간 지속될 것이라는 예측이 많았다. 2002년 한국에서 진보 진영 30년 집권론이 나온 것과 유사한 상황이었다. 미국 진보 진영은 더 유리한 상황이었다. 한국과 달리 미국에서는 민주당이 경제의 정당으로 인식되어 있었다. 1930년대 대공황이라는 전세계적 위기를 성공적으로 극복하고 위대한 미국의 시대를 연 루스벨트 대통령의 공이 가장 크다. 덕분에 경제는 물론 복지도 민주당의 것이었다.

1980년 미국 대선 당시 고연령층은 위대한 루스벨트 시대를 기억하는 사람들이었다. 당연히 고연령층에서 민주당에 대한 지지는 압도적이었고, 유권자층에 새로 편입된 젊은이들 역시 압도적으로 민주당을 지지했다. 1960년대와 70년대, 미국은 대학가를 중심으로 베트남 전쟁에 반대하는 물결이 젊은층을 휩쓸고 있었다. 젊은층의 반전 분위기는 반공화당, 반 보수 진영 분위기로 이어졌다. 이런 분위기 속에서 자란 젊은이들이 막 유권자층에 진입한 것으로, 한국으로 치면 386세대가 유권자층에 새로 편입한 것과 같았다. 고연령층에서도 압도하고, 젊은 유권자층에서도 압도하고 있으니, 민주당의 장기 집권은 당연한 것으로 받아들여졌다.

이 흐름을 단번에 뒤집은 것이 레이건의 보수 혁명이다. 그 타깃은 타협을 거부하는 대기업과 공공부문 노조였다. 레이건은 조직화된 노동자들의 집단 이기주의에 대한 중산층의 불만에 불을 붙였다. 진보 진영을 선호하던 젊은 유권자들도 이에 합세했다. 이후 레이건은 재선에 성공하고, 당시 부통령이었던 아버지 부시도 대통령에 당선되어 공화당은 12년간 집권하게 된다. 30년 집권론을 외쳤던 진보 진영이 5년 만에 참패하고 이명박, 박근혜라는 두 명의 보수 대통령이 탄생한 한국의 상황과 유사하다. 혁명의 대상이 조직화된 노동자 집단이라는 점에서 영국의 대처 혁명과도 동일하다.

좌파 기득권은 양보하지 않았고, 이를 부각시킨 우파 기득권은 승리했다. 중산층 등 유권자들이 좌파 기득권에 등을 돌리고 우파의 손을 들어준 것이다. 그러나 결과는 우파 기득권을 제외하면 모두에게 좋지 않았다. 우파의 독주로 인해 미국은 신자유주의 경제로 내달렸으며 결국 빈익빈 부익부의 악순환에서 벗어나지 못하는 양극화된 미국을 만들고 말았다. 이 흐름을 바꾼 것이 클린턴과 오바마의 중도화 전략, 즉 좌파 기득권의 양보와 혁신이었다.

이번에는 한국인들이 부러워하는 북유럽 선진국, 대표적으로 스웨덴의 사례를 살펴보자.

1900년대 초만 해도 스웨덴은 계급 간 갈등이 가장 첨예한 국가 가운데 하나였다. 기업가 단체와 노동자 단체가 잘 조직되어 있고, 강성 노조는 전국 단위 총파업을 8개월 이상 지속시키는 전투력을 과시하는 나라였다. 계급 갈등은 우리의 상상을 초월할 정도였다. 계급 갈등은 날로 심각해지는데 정치권은 이를 해결할 능력도 의지도 없었고, 게다가 제1차 세계대전으로 인해 경제는 최악이었다.

스웨덴 정치권은 좌파를 대변하는 사회민주주의자들과 보수 진영 간의 소모적 이념 논쟁이 극단으로 치닫고 있었다. 이러한 대립의 역사를 바꾼 것이 1932년 사회민주주의자들의 집권이었다. 대공황 등 경제 위기를 경험한 이후 좌파 정치권의 변화는 대타협의 밑거름이 되었다.

사회민주주의자들은 먼저 노동자들을 설득했다. 상대적으로 임금이 높은 부문의 임금 인상 자제와 고용의 유연성 확보라는 자기 진영의 양보를 이끌어내고 이를 바탕으로 기업가들로부터 적극적인 양보도 받아냈다.

임금 인상 자제로 생긴 이득은 복지 확대와 저임금 노동자 지원으로 이어지게 했다. 또한 우파 기득권이 손을 못 대고 있던,

경쟁력을 상실한 산업과 기업의 구조조정을 이끌어 국가 경쟁력을 강화하는 기반을 구축했다. '동일 노동 동일 임금' 정책으로 같은 직종에서 일하는 노동자 사이의 임금 격차를 줄여나가는 노력을 한 것이 특히 주목할 만하다. 우리 식으로 표현하면 고임금의 정규직이 임금 인상을 자제하고 이로 인해 생긴 여유를 비정규직의 임금 인상에 쓸 수 있도록 한 것이다.

기업가들도 정부의 노력에 화답하여, 경쟁력이 떨어지는 기업은 스스로 정리하고 투자에 적극적으로 나섰다. 고통 분담을 통한 위기 극복이라는 대전제에 좌우가 합의하여 스스로의 기득권을 버리고 복지 확대, 임금 격차 축소, 일자리 창출, 국가 경쟁력 강화 등의 대의로 나아간 것이다. 이러한 대타협은 한 번에 그치지 않았다. 경제에 위기가 오거나 다른 부분의 요구들이 커지면 이러한 대원칙 아래 일련의 대타협들을 성사시켜나갔다. 그 결과물이 오늘의 스웨덴이다.

한국의 보수와 진보도 스웨덴처럼 자기희생을 바탕으로 한 사회적 대타협을 주도할 의지와 역량이 있을까? 그렇지 않을 가능성이 훨씬 더 높아 보인다. 무엇보다 한국의 양당 체제가 이를 어렵게 한다. 양 진영이 경쟁하는 구도에서는 내가 잘하는 것도 중요하지만 상대방보다만 잘해도 집권할 수 있다. 양 진영 모두 국민적 지지를 받지 못하고 있다. 나도 욕을 먹고 있지만 그렇다고 반드시 지는 것은 아니다. 그런데 우리 진영의 희생을 먼저 요구하겠는가? 각 진영 내 강고한 패권 집단의 존재도 대타협의 전제 조건인 자기희생을 어렵게 한다. 스웨덴의 경우도 사민당이 노동자들을 설득한 핵심 논리는 지나친 요구로 중도 유권자의 표심을 잃으면 집권이 어렵다는 것이었다.

양자 대결 구도는 각 진영 내 패권 세력의 존재와 밀접하게 연관되어 있다. 지역구 의석 246석을 절반씩 점한다면 양 진영의 몫은 123개다. 보수 진영의 경우 123석의 절반이 넘는 67석이 영남에 몰려 있다. 양자 대결 구도가 지속되는 한 선거에서 질 일은 없으므로 영남 정치인들은 두려울 것이 없다. 영남 패권을 더욱 강고하게 하는 것이 소위 강남3구이고, 전국구 의원들이다. 이들을 합치면 보수 진영 내 영남 패권은 결코 도전받지 않는다.

영남 지역에서 중도 유권자의 이반을 걱정하는 국회의원은 거의 없다. 개인적 차이는 있겠지만, 새누리당 국회의원들의 평균적 세계관은 기업가들의 세계관과 다르지도 않다. 이제는 그나마 다른 목소리를 내던 소장파들의 존재도 찾아보기 힘들다. 일부 존재한다 하더라도 차기 총선에서 정권 심판 바람이 불면 그 대상이 될 의원들도 수도권에 지역구를 둔 이들 소장파일 가능성이 매우 높다. 엎친 데 덮친 격이다. 그나마 얼마 되지 않는 소장파들도 차기 총선을 기약하기 어려울 정도로 정치적 입지가 확고하지 못하다.

진보 진영은 어떤가? 진보 진영에서는 호남이라는 지역적 패권이 보수 진영의 영남만큼 압도적이지는 않다. 이를 대신하는 것이 대기업과 공공부문에 종사하는 조직화된 노동자 집단이다. 정치 영역에서 좌파 기득권의 영향력은 우파에 비해 극대화된다. 정치 영역에서 표는 곧 힘이다. 공무원 100만 시대. 이들과 이해관계를 공유하는 부모와 배우자만 합쳐도 400만이다. 공무원 전체를 적으로 돌려서는 현재의 박빙 구도에서 승리하기 어려워진다. 그러니 어떤 정치 세력이 감히 100만 공무원을 적으로 돌리려 하겠는가?

극심한 진영 간 대결, 그리고 이를 제도적으로 공고화하는 양자 대결 구도, 각 진영 내 패권 세력의 존재와 이들의 성향을 감안하면, 보수와 진보 양 진영 모두 자기희생에 기반한 사회적 대타협을 주도하는 세력이 될 가능성은 매우 낮다. 그렇다면, 사회적 대타협을 위해서도 좌우 기득권 세력에서 독립적인 집단의 정치 세력화가 필요하다. 중도 정당 창당으로 인한 3당 구도는 양자 대결 구도를 약화시킬 뿐만 아니라, 각 진영 내 패권 구도를 약화시킬 가능성이 높다. 중도 정당은 영남에서의 새누리당 독주를 견제할 대안 세력이 될 수 있고, 새누리당의 독주에 제동이 걸려야 보수 진영 내 영남 패권이 약화된다.

중도 정당이 사회적 대타협을 주도하는 정치 세력이 되어야 한다. 이를 위해서는 우리 사회의 중도 유권자와 2030 세대를 대변하는 정당임을 천명하고, 좌우 기득권 집단의 양보를 공개

적으로 요구해야 한다. 이를 통해 기존 정당과의 차별성을 분명히 하고, 국민의 평가를 받으면 된다. 좌우 기득권 집단의 양보를 요구하는 중도 정당이 다가올 2016년 총선에서 일정 수준의 득표력을 보인다면, 보수와 진보 진영의 자기혁신을 촉발하는 촉매제가 될 가능성이 매우 높다.

선거 때마다 표심을 달리하는 스윙보터가 최소 650만 명에서 최대 800만 명 정도다. 800만이면 투표에 참여하는 유권자의 3분의 1에 육박하는 수치다. 여기에 중도 정당이 없는 탓에 보수나 진보 진영을 선택한 잠재적 중도 유권자까지 고려하면, 한국에서 중도 정당이 성공할 수 있는 토양은 이미 마련되어 있다.

중도 정당의
탄생을 꿈꾸며

모든 권력은 국민으로부터 나오지만 모든 국민이 직접 통치할 수는 없으므로 이를 대리할 사람을 뽑는 것이 선거다. 선거의 핵심은 1인 1표, 표의 등가성이다. 모든 유권자가 4천만 분의 1만큼의 영향력을 지닌다는 것이 대한민국 헌법의 기본 정신이다. 그러나 현실에서는 표의 등가성이 실현되지 못하고 있다. 기업가 집단은 새누리당을 통해, 조직화된 노동자 집단은 새정치민주연합이나 진보 정당을 통해 자신들의 이해를 관철한다. 지역적으로는 영남과 호남이 양 진영에서의 패권을 장악하고 있다. 이들은 자신이 가진 1표 이상의 정치적 영향력을 행사하고 있다. 정치적으로 과대 대표되고 있는 것이다.

이 이면에는 자신이 가진 1표만큼의 영향력을 행사하지 못하는 정치적 과소 대표 집단이 존재한다. 이념적으로 중도 성향 유권자, 지역적으로 영호남을 제외한 수도권·충청·강원·제주 유권자들이다. 아직 사회에 진입하지 못했거나 자신의 몫을 제대로 돌려받지 못하는 2030 세대도 정치적 과소 대표 집단에 속한다.

이로 인해 집권 세력은 국민 다수의 입장을 대변하지 않는다. 누가 집권하든 항상 30% 남짓의 국민만을 대변하는 소수파 정권이 되는 것이다. 대통령 지지율의 급락은 소수파 정권의 한계이자 피할 수 없는 운명이고 그 결과는 정치의 실종이다. 정치 실종의 가장 큰 피해자는 모든 국민이지만 특히 정치적으로 제대로 대표되지 못하는 집단, 사회적 약자들이다. 자신이 가진 권력을 제대로 행사하지 못하는 정치적 약자들이 정치 실종의 가장 큰 피해자다.

한국에서의 진영론은 이미 진영 간 대결과 영호남 패권주의로부터 이득을 취하는 자들의 논리로 발전했다. 이해관계가 얽혀들면 논리적 설득이 문제가 아니다. 아무리 냉전 시대라 해도 군비 축소는 모두에게 좋은 일이다. 그러나 군비 경쟁으로부터 이득을 보는 군산복합체들에게는 손해이고, 그래서 미국의 강경파와 소련의 강경파는 서로 손을 잡지 않았던가. 겉으로는 적대적으로 경쟁하는 듯 보이지만, 실제로는 서로가 서로를 필요로 하는 적대적 공생관계였다.

한국의 진영론은 이 단계를 넘어섰다. 상대 진영, 상대 지역과의 대결이 극한으로 치달을수록 이득을 보는 기득권 집단이 이미 강력하게 형성되어 있고, 이들이 한국 정치를 주도하고 있다. 상대를 비난하고 서로 싸우는 데서 자신의 존재 이유를 발견하는 집단이다. 극단적 진보 인사와 보수 인사, 지역 패권주의에 편승하여 정치 생명을 연장하는 정치인들이 그들이다.

이제 우리에게 남은 것은 승자 독식의 대통령제와 양당 체제를 바꾸는 일이다. 이 제도로부터 이득을 보는 집단이 강력히 형성되어 있기 때문에 물론 쉽지 않은 일이지만, 제도를 바꿈으로써 많은 문제를 해결하거나 약화시킬 수 있는 통로를 확보할 수 있다.

한 번 대선을 치를 때마다 최소 650만 명 이상으로 추정되는 유권자들의 극심한 표심 변화가 일어나고 집권 세력이 다음 대선에서 응징당하는 현상의 저변에는 유권자 구성과 정당 체제의 불일치가 존재한다. 유권자는 세 그룹인데 이를 대변하는 정당은 진보 아니면 보수뿐이라는 현실에서 발생하는 악순환일 가능성이 매우 높다.

다당제가 정착된 나라들에서는 이러한 현상이 나타나기 어렵다. 유권자 입장에서는 나와 정치적 입장이 가장 유사한 정당을 선택하면 될 뿐 아니라 내가 지지하는 정당이 크게 잘못하지 않는 한 이를 심판할 이유가 없다. 나를 대변하는 정당이 있는 나라, 이런 국가들에서는 정치 체제가 안정적일 수밖에 없다.

양당 구도에서 중도 유권자는 지속적으로 배제되고, 이로 인한 분노와 좌절감이 극심한 표심 변화, 승자의 저주, 대통령 지지율 급락으로 표출되는 것이다. 자신이 주권을 지닌 공동체에서 국정 운영에 영향을 미칠 가능성이 배제된 유권자가 존재한다면, 더구나 대선의 승패를 좌우할 만큼 거대한 유권자 집단에 정치 참여를 위한 제도적인 통로가 막혀 있다면 심각한 문제가 아닐 수 없다.

물론 대통령제의 대안으로 거론되는 의원내각제가 유일한 해법이라고 주장하기도 어렵다. 다당제가 양당제보다 우월한 제도라는 근거는 없다. 그러나 한국처럼 대통령제와 양당 체제의 결합이 문제를 악화시키고 있다면 최소한 하나라도 바꾸어야 한다. 이런 맥락에서 보면 현재의 단임 대통령제를 중임 대통령제나 정·부통령제로 바꾸는 것은 해결책이 되지 못한다. 중임 가능성을 열어둔다거나 부통령을 둔다고 승자 독식의 문제가 해결되지는 않는다.

우리가 생각할 수 있는 대안은 의원내각제와 이원집정부제다. 그러나 권력 구조 자체를 바꾸는 문제는 헌법 개정 사항이고, 이는 쉽지 않은 일이다. 공격에 성공하려면 성을 방어하는 군사력의 최소 세 배에 달하는 군사력이 필요하다는 말이 있다. 헌법 개정도 마찬가지다. 찬성 여론이 과반수를 넘는다 해도 성공하기 어렵다. 주요 정치 세력 모두가 동의해야 가능한 일이다.

의원내각제나 이원집정부제로의 개헌이 모든 정치 세력이 동의하지 않는 한 현실적으로 불가능한 것이라면, 남은 것은 양당 체제를 바꾸는 것이다. 이는 헌법 개정을 요하는 사항도 아니다. 실제로는 양당 체제이지만 지금도 군소 정당들이 존재한다. 그러나 새정치민주연합보다 더 왼쪽에 있거나 과거 자유민주연합처럼 새누리당보다 더 오른쪽에 있거나 충청도라는 또 다른 지역주의에 기반한 정당이라는 한계가 있다.

따라서 중도 정당 건설로 현재의 양당 체제를 3당 체제로 바꾸는 것이 최선의 해결책이다. 제3의 중도 정당이 양대 정당의 균형추 역할을 하는 것이 가장 바람직하다. 중도 정당이 보수·진보 정당과 경쟁하는 3당 체제를 구축한다면, 장기적으로는 40:25:35, 또는 40:20:40 균점 체제가 형성될 것이다. 양대 정당 가운데 어느 정당도 단독으로 과반수를 넘지 못하기 때문이다. 보수가 다수당이 될 경우, 최소한 중도 정당의 동의를 얻어야 원활한 국정 운영이 가능해진다. 이럴 경우 지금의 보수 유권자, 그중에서도 강경한 집토끼의 의사만 반영하는 일방적 국정 운영의 가능성은 상당히 줄어들 것이다.

중도를 표방하는 정당이 등장한다면 지역 문제도 해결될 수 있다. 현재 영호남은 사실상 일당 체제가 형성되어 있기 때문에 이로 인한 표심 왜곡 현상이 심각하다. 앞서 메뉴판의 문제를 지적했다. 수도권 등 다른 지역 메뉴판에는 자장면과 짬뽕 두 가지 메뉴가 있어 그나마 선택이 가능하다. 영남 식당에는 짬뽕밖에 없다. 호남 식당에서는 자장면만 판다. 맛이라도 있으면 위안이 되련만, 식재료도 오래된 데다 먹다 남은 단무지가 그대로 나온다. 간혹 신장개업하는 식당이 있긴 해도 새로운 메뉴라고 내놓는 것이 짬뽕 2, 자장면 2다. 만약 장사가 잘 되면 옆집의 원조 영남 식당, 원조 호남 식당을 인수하여 원래의 짬뽕과 자장면으로 돌아가겠단다.

극심한 진영 간 대결은 중도를 대변하는 제3당의 존재 자체만으로도 완화될 수 있다. 한국 정치에서 양자 대결은 내가 잘해야 하는 것이 아니라 상대방을 꺾기만 하면 되는 네거티브 경쟁으로 전락했다. 그러나 3자 경쟁 구도가 확립되면, A가 B를 꺾어 누르기만 한다고 승리할 수 없다. A와 B가 격렬한 대립을 한다면 둘 다 패배자가 될 수 있는 것이 3자 구도다.

그래서 A, B, C의 3자 대결은 포지티브 경쟁을 유도한다. 정치적으로 과소 대표되는 집단의 문제도 해결될 수 있다. 과소 대표 집단의 정치적 소외감과 이로 인한 정치 불안정을 해결할 수 있는 기반이 마련되기 때문이다.

그 중심에 2030 세대가 있어야 한다. 또 다른 편 가르기를 하자는 것이 아니다. 이들을 정치적으로 대변하는 정당이 필요하다는 뜻이다.

2030이 미래다

정치가 어차피 선택이라면, 이제 누구를 선택할 것인가의 문제가 남게 된다. 2030 세대를 대변하는 정당을 선택하는 순간 이 연령대에 속하지 않은 국민들은 일정 정도 손해를 감수할 수밖에 없다. 누가 혜택을 보고 누가 손해를 감수해야 할 것인가? 이 선택의 기준은 무엇이 되어야 하는가? 이에 대해서도 사회적 합의에 도달할 수 있는 기준이 있다.

그 기준은 첫째, 공동체 전체의 관점에서 가장 좋은 선택이 무엇인가이다. 이는 시장경제가 제대로 작동하게 하는 가장 중요한 원칙이기도 하다. 같은 자원을 누군가에게 몰아주어야 한다면, 누구에게 주는 것이 공동체 전체에도 가장 도움이 될 것인가를 기준으로 삼아 선택해야 한다.

둘째, 만약 A집단에게 주는 것과 B집단에 주는 것이 공동체 전체에 미치는 영향이 같은 상황에서는 사회적 약자를 선택해야 한다. 정치의 본래 역할인 사회적 자원의 재분배에 부합하는 기준이다.

이 두 가지를 기준으로 삼는다면, 다른 연령대보다는 2030 세대에 우선순위를 두는 정치를 해야 한다. 이것이 대한민국 국민의 정서에도 부합한다. 우리 국민의 모든 연령대는 자신들만의 시대적 고통을 겪었으며 이를 극복하고 시대적 과제를 완수했다. 60대 이상 고연령층은 산업화라는 시대적 과업을, 장년층은 민주화라는 시대적 소명을 완수했다. 이들 부모 세대는 자신들을 위해서 그 모든 어려움을 극복한 것이기도 하지만 동시에 미래 세대를 위해 이를 수행한 것이다.

"우리보다는 자식 세대가 우선이어야 한다."

이것이 오늘의 대한민국을 있게 한 밑거름이었다. 대한민국 대부분의 부모 세대는 이 대원칙에 동의할 것이다. 그리고 이렇게 하는 것이 공동체 전체에도 도움이 된다. 2030 세대의 문제는 우리 모두의 문제이기 때문이다. 지금까지 그 모든 역경을 넘어섰는데, 대한민국의 미래가 암담하다면 빛나는 과거가 무슨 소용이 있겠는가? 실제로 이 세대가 잘 풀리지 않는다면 부모 세대의 미래도 좋아질 가능성이 없다. 일자리를 구하지 못한 자식들이 광범위하게 존재하는 나라에서 부모 세대가 행복할 수 있겠는가?

공동체 전체의 운명이 미래 세대에 달려 있음에도 불구하고, 기존의 양당 체제는 이들을 대변하지 못했다. 사회적 영향력이 제대로 확립되지 못한 이들 세대는 정치적 영향력도 약해 과소 대표 집단에 속해 있다. 2030 세대에 우선순위를 두는 정치는 그래서 공동체 전체에 미치는 영향을 기준으로 한다는 첫 번째 원칙에도, 사회적 약자를 우선한다는 두 번째 원칙에도 가장 부합하는 선택이다.

정규직은 임금은 물론 정년 보장, 여타 복지 혜택 등 모든 측면에서 비정규직보다 많은 혜택을 누리고 있다. 이제는 비정규직의 처우를 어떤 부분에서는 정규직보다 높이는 혁신적 방안을 검토해야 한다. 정규직이 정년 보장을 받는다면, 그 대신 시간제 임금은 비정규직이 더 높거나 최소한 같게 하는 방안이 있을 수 있다.

그러나 노동자들의 양보만 요구할 수는 없다. 기업가 집단의 양보가 선행되어야 한다. 무조건적인 양보를 요구하기는 어렵기 때문에 사회적 합의가 필요한데, 경제 원칙인 효용의 극대화가 그 기준이 될 수 있다.

현재 재벌 2, 3세들의 경영 참여가 쟁점이 되고 있다. 경영자로서 능력이 없는 재벌 2, 3세들이 대기업의 경영을 주도하는 것은 비효율적이다. 적재적소에 유능한 인재들을 배치하는 것이 기업 경쟁력을 높이는 첫걸음이다. 경쟁력이 높은 기업이 공동체 전체의 경쟁력을 높인다. 능력이 검증되지 않은 재벌 2, 3세들의 경영 참여를 제한할 수 있는 제도적 장치와 사회적 합의점을 마련해야 한다.

법인세 인상도 사회적 고통 분담의 차원에서 적극적으로 검토해야 한다. 늘어난 복지 수요를 감당하려면 세금 인상이 불가피하다. 가능한 모든 영역에서 이에 대한 부담을 나눠 져야 한다. 기득권 집단의 고통 분담 없이 다른 영역의 양보만을 요구할 수는 없다.

2030 세대의 별칭은 88만 원 세대, 삼포 세대다. 월급 88만 원을 받으며 연애, 결혼, 출산을 포기하는 세대가 지속적으로 양산되는 한 대한민국의 미래는 없다. 임대주택 등 2030 맞춤형 복지 정책을 적극적으로 검토해야 한다.

과거와 달리 양질의 일자리를 만들기 쉽지 않은 시대이다. 모두에게 정규직 일자리를 제공하기도 불가능하다. 기업은 정규직 일자리를 늘리기를 원치 않는다. 정규직 증대는 그저 밀어붙인다고 해결될 일이 아니다. 기업은 어떤 방식으로든 빠져나갈 구멍을 찾을 것이다. 기업이 정규직 채용을 꺼리는 일차적인 이유는 비정규직이 비용이 덜 들기 때문이다. 비정규직에게 적용되는 최저임금을 정규직 수준으로 맞춘다면 기업은 지금까지 비정규직으로 채우던 일자리를 정규직으로 돌리는 방안을 적극적으로 검토할 수밖에 없게 된다. 빠져나갈 구멍을 봉쇄할 방안을 강구하고 다른 영역에서 혜택을 주는 당근 정책도 병행한다면 불가능한 일은 아니다.

물론 최저임금의 획기적 인상에 대한 우려의 목소리가 높을 것이다. 그렇지 않아도 힘든 기업의 국제 경쟁력을 약화시킬 것이라는 우파 진영의 반대가 제일 먼저 예상된다. 비정규직 고용에 의존하거나 낮은 시급제로 유지되는 중소기업과 편의점 등 소규모 유통업자들의 반발도 예상된다.

따라서 최저임금의 획기적 인상을 위해서는 막대한 예산이 소요될 수도 있다. 그러나 이 개미지옥에서 살아남기 위해, 국민 전체가 지불해야 하는 천문학적인 비용과 비교하면 그리 큰 비용이 아니다.

어차피 천문학적인 비용을 지불한다고 해서 개미지옥에서 살아나갈 수 있는 것도 아니다. 대한민국의 사교육은 개인의 능력과 국제경쟁력을 향상시키는 것이 아니라 그저 다른 학생보다 위에 서기 위한 것이다. 결국 잘해야 20%는 그런 대로 먹고살 만하고, 나머지 80%에게는 어려운 세상이 계속된다. 현재의 상황이 지속된다면 누가 거기에 속할 것인가만 남아 있을 뿐 이 비율은 크게 바뀌지 않을 것이다. 그래서 경제 민주화가 우리의 시대적 과제가 된 것이다.

최저임금 인상을 보수 정권이 추진해야 할 이유가 여기에 있다. 경제민주화는 보수의 반명제가 아니라 한국 사회의 공통 목표이기 때문이다. 역설적으로 역사상 많은 개혁들이 진보가 아닌 보수 정당의 집권기에 이뤄졌다. 변화는 진보에서 시작되어서 보수에서 완성된다. 즉, 더 나은 미래를 준비하기 위해서는 양보와 타협은 선택이 아닌 필수이다. 한쪽의 독주만으로는 더 나은 세상을 만들 수는 없다. 상대방에게만 희생을 강요해서는 새로운 시대를 열어갈 수 없다.

우리가 지금처럼 보수와 진보의 대결을 지속해서는 한국의 미래는 없다. 우리 앞에는 과거와 미래의 대결이 펼쳐지고 있다. 가난했던 산업화 이전으로 돌아가지 않기 위해서는, 자유를 억압받았던 민주화 이전으로 돌아가지 않기 위해서는 사회적 대타협을 이뤄내야 한다. 그리고 그 변화의 첫걸음은 정치에서 시작되어야 한다.

•

개미지옥을 벗어난 유럽 국가들의 공통점은 사회적 대타협이다. 사회적 대타협은 기득권 집단의 양보를 통해 이루어진다. 가진 것이 많은 사람들이 양보해야 그 성과가 크다. 가진 것 없는 사회적 약자들의 양보로 공동체 전체가 얻을 수 있는 이득은 별로 없다. 약자들이 더 내놓는 양보는 실상 힘을 가진 자들의 강압에 의한 또 다른 희생일 뿐 양보도 아니다. 그렇지 않아도 심각한 빈익빈 부익부 문제를 더욱 악화시키는 일이며, 이미 불공정한 세상을 더욱 불공정하게 만드는 개악일 뿐이다.

기득권 집단은 누구인가? 기업가들과 대기업 정규직을 중심으로 한 조직화된 노동자들이다. 우리 사회를 떠받치고 있는 자본주의 시장경제에서 점한 지위에 의해 기득권 집단이 누구인가가 결정된다. 기업가들이 그들에게 고용된 노동자들보다 더 유리한 위치에 있고 더 많이 가진 것이 사실이다. 그래서 이들을 우파 기득권이라 부른다.

같은 기업가라 해도 재벌 등 대기업과 이들의 하청이나 협력 업체로 존재하는 중소기업의 기업가가 동등한 위치에 있는 것은 아니다. 노동자들도 마찬가지다. 같은 노동자로 분류된다고 해서 모든 노동자가 같은 처지에 있는 것은 아니다. 임금도 높고 정년도 보장되는 대기업에 속한 노동자가 있고 중소 하청업체에 속한 노동자가 있다. 모두 정규직인 것도 아니다. 임금과 복리후생 수준도 천차만별이고, 물론 정년 보장 여부도 다르다. 중소기업의 처지는 대기업과의 계약관계에 의해서 결정된다. 대기업 정규직 노동자들은 자신들이 속한 기업가가 여타 중소기업과 맺은 계약관계의 공동 수혜자들이다.

기업 간의 관계뿐만 아니라 기업 내부에서도 기업가와 노동자의 힘의 관계에 차이가 존재한다. 대기업 정규직들이 중소기업 노동자들보다 기업가와의 관계에서도 강한 협상력을 지닌다. 예를 들어 현대자동차 정규직 노조가 지닌 회사와의 협상력만 봐도 알 수 있다. 반면 중소 영세업체 노동자들은 자신이 속한 기업이 맺은 대기업과의 관계에서뿐만 아니라 자기 회사 사장과의 협상력 면에서도, 대기업 정규직 노동자들에 비하면 이중의 불평등한 지위에 처해 있다.

이런 이유로 대기업 정규직을 중심으로 조직화된 노동자들이 좌파 기득권 집단으로 분류된다. 이들 조직화된 노동자와 이해관계를 같이하거나 같은 세계관을 가진 사람들이 참여해 좌파 기득권 진영이 완성된다. 그 반대쪽에 형성된 우파 기득권 진영도 비슷하다.

시장경제에 뿌리를 두고 있는 기업가들이 중심 위치를 차지하고, 이들과 이해관계가 맞물려 있는 정·관·학계 인사들이 그 주위에 포진하여 진영이 구축된다. 언론과 일부 시민사회 단체도 좌우 기득권 세력의 한 축을 구성한다. 종교단체와 종교인들도 그 성향에 따라 양 진영의 한 축을 담당한다.

이 두 기득권 집단이 자기가 가진 것을 함께 내려놓아야 사회적 대타협이 성공한다. 일자리는 기업이 만든다. 그러나 기업에게 일자리를 만들라고 하면, 정규직의 높은 처우와 고용 유연성 문제를 걸고 들어온다. 정규직들의 높은 임금 수준과 현재의 철밥통 구조를 바꾸지 않고는 이익을 보기 어려우므로 일자리를 만들지 않겠다는 것이다. 이익이 나지 않는데 무엇하러 새로운 투자를 하느냐고 항변한다.

좌파 기득권의 핵심인 조직화된 노동자들이 이들 정규직이다. 그중에서도 임금 수준이 높고 고용 안정성이 확보된 대기업과 공공부문 종사자들이 그들이다. 대타협은 좌우 기득권의 양보에 의해서 가능한데, 우파 기득권인 기업가 집단이 전제 조건으로 좌파 기득권의 양보를 요구하는 것이다. 좌파가 이를 수용하면서 역으로 우파에 고통 분담을 요구하면 사회적 대타협은 성공한다. 좌우 기득권의 양보를 통해 확보한 재원과 사회적 자원을 이미 낡아서 경쟁력을 상실한 시스템의 재조정과 약자 지원을 위해 사용하면 된다. 이것이 사회적 대타협이다.

• • •

결국 사회적 대타협의 성공 여부는 좌우 기득권 집단의 자기희생과 양보에 달려 있다. 자기희생과 양보의 반대편에 진영 논리가 있다. 각자 자신들이 사회의 피해자인 양하며 상대 진영의 잘못만 비난한다. "나는 사회적 피해자이므로 더 이상 양보할 것이 없다." 좌우 모두 자기 진영의 입장만을 주장한다. 이것이 진영 논리다.

사회적 대타협을 성사시키기 위해서는 그래서 진영 논리를 깨야 한다. 좌우 기득권에 속한 집단은 우리 사회에서 소위 먹고 살 만한 사람들로, 전체 인구의 20%정도다. 그리고 이 기득권은 자본주의 경제, 즉 시장에서의 지위에 의해 결정된다. 그래서 기업가와 조직화된 노동자들이 각각 우파와 좌파 기득권의 핵심이 되는 것이다. 그런데 시장은 1달러 1표 원칙이 지배한다. 가진 돈에 비례해 영향력이 커지고, 그래서 기업가들의 힘이 세다. 대기업과 공공부문 정규직들도 상대적으로 높은 임금과 고용 안정을 보장받고 있다. 기업가들에 비해 개인의 영향력은 적을지 몰라도 그 수를 모두 모으면 기업가집단에 대적할 만한 기득권 집단을 형성할 수 있다.

좌파 기득권 집단의 조직화된 힘이 사회에 미치는 영향력이 어느 정도인가를 간접적으로나마 추정할 수 있는 것이 공무원연금이다. 공무원연금 적자 폭을 보충하기 위해 정부가 올 한 해에만 지원해야 할 돈이 2조 4,854억 원, 2014년 한 해 무상급식을 위해 사용된 예산과 비슷한 수치다. 공무원 한 사람만 보면 연금 혜택이 크지 않지만, 그 수가 100만에 이르다 보니 막대한 수치나 나오는 것이다.

그러나 시장의 힘을 통제할 수 있는 것이 정치다. 1달러 1표가 원칙인 시장에서는 좌우 기득권 집단에 밀리는 사회적 약자들이 1인 1표가 원칙인 정치 영역에서는 경제적 기득권 집단을 통제할 수 있다. 정치 영역으로 들어오면 기득권 집단은 20%, 사회적 약자는 80%의 영향력을 행사할 수 있기 때문이다. 이 정치 영역이 제대로 작동해야 80%의 힘으로 20%의 양보를 요구하는 사회적 대타협을 성공시킬 수 있다.

시장은 경제적 효용성만을 추구하지만 정치는 이로 인한 문제를 바로잡는 자원의 재분배가 본연의 역할이다. 정치가 사라진 공동체에서는 시장의 힘을 통제할 수 없다. 정치가 무시당하고 힘이 없으면 건강한 공동체를 만들 수 없는 이유가 여기 있다.

정치가 제 역할을 못하는 가장 중요한 이유는 1달러 1표의 시장 원칙이 1인 1표의 정치 원칙을 압도하기 때문이다. 20%에 불과한 시장의 기득권 세력이 80%에 달하는 유권자 집단을 지배하는 기제는 무엇일까?

일차적으로는 진영 논리를 통해서다. 진영 논리는 원래 기득권 집단을 위한 것이다. 기득권 집단의 이해관계를 지키기 위한 경제적 논리가 진영 논리의 출발이다. 이것이 정치 영역으로 들어와 기득권 집단에 속하지 않은 80%를 설득해 자기 편으로 만드는 것이다. 사회적 약자인 80%가 자신도 기득권 집단에 속하는 양 세상을 보고 그들처럼 행동한다. 이 80%가 이제 좌우로 갈려 각각 50%를 점한 우파 진영과 좌파 진영이 형성되고, 좌우 진영을 중심으로 정치적 대결 구도가 구축된다.

이제 이 80%도 좌우로 패가 나뉘어 좌우 기득권 진영 대결에 참여한다. 기득권 집단의 진영 논리가 사회적 약자 자신의 논리가 된 것이다. 실제로는, 즉 경제적으로는 기득권 집단에 속하지 않는 사회적 약자들이 기득권 집단처럼 세상을 보고 이해하는 것, 이것이 허위의식이다. 이렇게 20%의 경제적 기득권 집단이 정치 영역을 장악하고, 시장에서의 영향력, 즉 1달러 1표 원칙을 정치 영역에서도 관철시킬 수 있게 된다.

사회적 약자인 일반 유권자 입장에서 허위의식인 진영 논리는 왜 깨지지 않고 정치를 계속 지배하는 것일까? 진영 논리가 깨지지 않는 이유 가운데 하나는 진영 논리가 유권자들의 생각을 지배하기 때문이다. 진영 논리를 통해 일반 유권자들이 좌우 기득권 세력처럼 생각하도록 만든 것이다. 사람들의 행위는 생각의 결과물이다. 사람의 생각, 즉 뇌를 지배하면 그 사람의 행위를 지배할 수 있다.

본인은 기업가가 아닌데 우파 진영의 기업가적 세계관으로 세상을 본다. 본인은 대기업이나 공공기관의 조직화된 정규직 노동자가 아닌데 좌파 진영의 논리에 따라 생각하고 행동한다. 가난한 서민들이 우파 정당인 새누리당을 지지하는 모습을 보고 어리석은 짓이라고 한탄하는 경우를 자주 본다. 서민이 기업가처럼 생각하고 행동하도록 하는 것, 하청업체 비정규직이 대기업 정규직처럼 생각하고 행동하도록 하는 것이 진영 논리의 힘이다. 생각을 지배하는 자가 세상을 지배한다.

다른 사람을 위해 배려하고 양보하는 것은 아름다운 일이다. 박봉에 시달리는 종업원이 사장님을 위해, 비정규직이 정규직을 위해 먼저 배려하고 희생하는 것은 개인적으로는 칭송받아 마땅한 선행이다. 그러나 사회적 약자가 기득권 집단을 위해 희생하고 양보하는 것은 불공정한 세상을 고착화하는 우행이다. 세상의 변화는 사회적 약자가 강자를 위해 양보하고 희생하는 것이 아니라 강자가 약자를 위해 그렇게 함으로써 이루어진다. 강자가 양보하고 희생하지 않으면 그렇게 하도록 가르치고, 정말을 듣지 않으면 힘으로라도 그렇게 하도록 해야 한다.

물론 모든 사람의 행위가 반드시 생각 때문인 것은 아니다. 새치기해서는 안 된다고 생각하는 운전자가 새치기하는 경우가 여기에 속한다. 사람은 생각하는 동물인 동시에 환경의 동물이다. 나는 새치기하는 것이 옳지 않다고 생각하지만, 다른 사람들이 모두 내 앞으로 끼어든다면 나도 새치기할 수밖에 없어진다. 모두 새치기하는데 나만 가만히 있으면 제 시간에 목적지에 갈 수 없기 때문에 어쩔 수 없이 새치기 대열에 동참하는 것이다.

이처럼 모든 사람이 진영 논리가 맞다고 생각해서 진영 논리대로 행동하는 것은 아니다. 환경이 그렇게 하도록 강제하기도 한다. 많은 이들이 자신을 우파도 좌파도 아니고 좌우 진영 간 극심한 대결은 공동체 전체에 도움이 되지 않는다고 여긴다. 그런데 투표장에 가면 내가 원하는 사회적 대타협은 선택지에 없다. 어쩔 수 없이 우파 아니면 좌파 진영 후보다. 둘 중 하나에 나의 소중한 한 표를 행사한다.

. . .

개미지옥을 벗어날 수 있는 유일한 길은 사회적 대타협이다. 이를 방해하는, 아니 사회적 대타협이 필요하다는 생각도 못하도록 하는 첫 번째 방해물은 진영 논리다. 진영론자들은 세상은 원래 좌우로 갈려 있다고 주장한다. 보수 아니면 진보일 뿐 그 중간은 없으며 제3의 선택지는 존재하지 않는다고 가르친다. 이 가르침을 반복하면 웬만한 사람은 세뇌가 된다. 그래서 진영론 자처럼 생각하고 행동한다. 좌우 기득권 집단이 사회적 약자의 생각을 지배하는 것이 진영 논리다. 이를 통해 그들은 세상을 지 배하고 그들만의 왕국을 굳건히 한다.

그러나 생각을 지배하는 것이 쉬운 일은 아니다. 또 다른 장 치가 있어야 한다. 진영 논리에 세뇌되지 않는 사람들도 그렇게 행동할 수밖에 없도록 만드는 장치가 필요하다. 새치기하면 안 된다고 생각하는 사람들을 새치기하도록 만드는 것이다. 자신들 에게 세뇌되어 새치기해도 괜찮다고 생각하는 사람들을 새치기 하도록 유도하여, 새치기하지 않고는 제 시간에 갈 수 없도록 만 들면 된다. 새치기를 권장하는 법을 만들거나 새치기 하는 사람 에 대한 처벌을 없애면 새치기할 가능성은 훨씬 높아진다.

진영 논리에 세뇌되지 않은 사람들까지 진영 논리에 따라 행동하도록 하는 장치가 한국 정치 제도다. 승자 독식의 대통령 제와 한 선거구당 한 명만 뽑는 소선거구제가 대표적 제도적 장 치다. 제도는 힘이 있는 기득권 집단이 만든다.

진영 논리가 득세하는 또 다른 이유는 진영론자들이 의도 적으로 조장하지는 않았다는 점에서 우연적인 것들이다. 새누리 당을 지지하는 영남 유권자들과 새정치민주연합을 지지하는 호남 유권자들을 보자.

호남 유권자들이 모두 이념적으로 진보적이서 좌파진영을 지지하는 것은 아니다. 2002년 이전 한국 정치를 가르는 가장 중요한 균열 구조 가운데 하나가 영호남의 대립이었다. 이 영호남 대립 구도는 과거의 군부독재와 민주화 운동 세력 간의 대립이라는 또 다른 균열과 겹쳐 있다. 균열의 중첩이다. 영남의 새누리당 지지와 호남의 새정치민주연합 지지는 이러한 역사로부터 이어져온 것이다. 어제의 우리가 오늘까지도 영향을 주고 있다.

이렇듯 역사적 요인들까지 결합되다보니, 현재의 진영 대결이 좌우 기득권 집단 간 대결이라는 본질이 제대로 드러나지 않는다. 그러나 사회적 대타협에 이르는 긴 여정의 첫걸음은 좌우 기득권의 존재를 인정하는 것이다. 기득권 세력이 누구인가를 분명히 해야 누가 무엇을 양보할 것인가에 대한 논의가 시작될 수 있기 때문이다.

물론 기득권 집단은 이 본질을 드러내기를 좋아하지 않는다. 우파 기득권은 기업가의 이해를 대변하고 있는 자신들의 민낯이 드러나는 것을 원치 않는다. 그래서 공동체 전체를 위해 경제를 살려야 하고, 경제를 살리려면 기업을 살려야 한다는 논리를 앞세운다. 산업화 시대의 논리다. 논리 자체가 잘못된 것은 아니다. 경제가 발전해야 한다. 맞는 말이다. 산업화 시대를 이끈 50대 이상의 장년층들은 더욱 동의한다. 그러나 이 논리가 기업가 집단이 양보해서는 안 된다는 논리로 이어지면 전혀 다른 얘기가 된다.

좌파 기득권 역시 자신들이 조직화된 정규직 노동자들의 이해를 대변하는 집단으로 비쳐지는 것을 싫어한다. 공공의 적은 오직 우파 기득권인 것처럼 행동한다. 자신들은 사회적 약자이고 피해자들이다. 이를 주장하기 위해 좌우 기득권의 대립이 아니라 여전히 군부독재와 민주화 운동 세력 간의 대결 시대인 것처럼 위장하기도 한다.

좌우 기득권 모두 자신의 본질을 감추어야 한다. 한 조직에 문제가 있을 때, 힘을 가진 자들은 문제의 본질이 드러나는 것을 싫어한다. 다른 문제가 더 중요하다며 관심을 돌리려 하고, 이 본질적 문제가 논의의 테이블에 오르지 못하도록 영향력을 행사한다. 이것이 이슈 설정 능력이다. 강한 자들은 무엇을 논의할 것인가부터 결정하는 힘을 가지고 있다. 좌우 기득권 집단의 양보 문제가 논의의 주제가 되어서는 안 된다. 이를 감추기 위해 다른 것을 꺼내 든다. 그래야 사회적 약자들을 자신들의 진영으로 끌어들일 수 있다.

좌파 기득권은 여전히 군부독재와 민주화 세력의 대결이라고 주장한다. 그래야 호남 유권자와 범 386 유권자의 지지를 확보할 수 있기 때문이고 사회적 약자, 비정규직의 지지도 이끌어낼 수 있기 때문이다. 우파 기득권은 분배를 주장하는 좌파 진영을 공산주의, 종북 세력으로 몰아간다. 그래야 냉전 시대 공산주의에 대한 혐오로 무장하고 성장한 중장년층 서민들과 영남 유권자들의 지지를 묶어둘 수 있기 때문이다. 본질 감추기는 기득권 세력이 가진 가장 큰 무기다.

한 마디로 한국 정치는 하드볼 폴리틱스, 진영 정치다. 진영 논리가 그 이론적 기반을 제공하고, 대통령제와 양당제가 제도적으로 뒷받침하며, 이로부터 이득을 취하는 자들의 패권을 통해 유지, 강화되는 게임이다. 진영 논리, 정치 제도 그리고 기득권 세력이 삼위일체가 되어 오늘의 한국 정치를 움직인다. 그러나 대선의 승패를 가르는 것은 진영 결집이 아니라 중도 유권자들의 지지이며 집권 세력에 대한 평가다. 즉, 중도 유권자에 의한 정권 심판이다.

• • •

왜 한국인들은 나쁜 정치인을 뽑는가? 이유는 단순하다. 투표지에 나쁜 정치인밖에 없기 때문이다. 양당제 아래에서는 유권자를 대표하고 선택을 다양화할 수 있는 후보자가 나오기 힘들기 때문이다. 이것이 대통령이 바뀌어도 한국 정치가 바뀌지 않는 근본적인 이유다.

한국 정치를 바꾸어야 한다는 목소리들이 어느 때보다 높다. 어떻게 바꿀 것인가? 삼위일체 체제를 깨야 한다. 그래서 삼위일체 체제의 이론적 근거인 진영 논리를 극복하는 데 이 책의 대부분을 할애했다. 그러나 이것만으로 정치를 바꿀 수 없다. 제도를 바꾸어야 하고, 이로부터 이득을 보는 기득권 세력의 패권을 약화시켜야 한다.

새로운 생각이 세상의 변화로 이어지기 위해서는 이를 뒷받침하는 세력이 나서야 한다. 누가 세상의 변화를 주도할 세력인가? 기존 제도의 피해자들이 그들이다. 부당하게 이득을 취하는 세력이 존재한다면 그 반대편에는 이로 인해 피해를 보는 집단이 존재하게 마련이다. 사실 모든 국민이 한국 정치의 피해자라 할 수 있다. 하지만 우리가 기억해야 할 것은 정치가 본연의 역할을 못하는 것으로 인한 가장 큰 피해자는 사회적 약자들이라는 사실이다.